KLEINE BETTLEKTÜRE
FÜR ALLE VEREHRER
DES GROSSEN
JOHANN SEBASTIAN BACH

Kleine
Bettlektüre
für alle Verehrer
des großen
Johann Sebastian Bach

Scherz

AUSGEWÄHLT UND
ZUSAMMENGESTELLT VON
PETRA EISELE

INHALT

ZITHER UND MÜHLE

Der erste Bach, von dem wir wissen, der Anfänger der Johann-Sebastian-Linie, war seines Zeichens ein Bäcker. Er lebte im Reformationsjahrhundert und hing der lutherischen Lehre an, um deretwillen er manche Not und Drangsal auf sich nahm.

Von Thüringen hatte er sich in jungen Jahren nach Ungarn begeben, und als dort über die Evangelischen die Leiden der Gegenreformation kamen, machte er sich auf den Rückweg in die deutsche Heimat. Nicht weit von Gotha fand er Wohnung und Arbeit. Das Mehl, das er zum Brotbakken brauchte, holte er sich, Getreide dafür eintauschend, von einer Mühle, wie die anderen Bäcker des Landes auch. Aber wenn diese, die Ausmahlung abwartend, sich die Zeit mit Trinken und Kartenspielen vertrieben, ergötzte sich Veit Bach musizierenderweise: Nie versäumte er seine Zither mit auf die Fahrt zu nehmen.

Unbekümmert um das Rauschen und Klappern des Mahlwerkes saß er über sein sanft tönendes Instrument gebeugt und ließ die Finger, die sonst im Brotteig wühlten, über die Saiten laufen. Manchmal vergaßen dann auch seine Zunftgenossen das Bier und die Karten und hörten den einfachen Weisen zu, die der kunstsinnige Mann der Zither abgewann.

Damals lebte die schöne Kunst noch ganz im Volke, und den ersten Bach konnte man, beschürzt und bestaubt, bei seinen Broten oder in der Mühle finden und seinem Zitherspiel lauschen, ohne einen Pfennig dafür zu bezahlen. Das Brot, das er zu Hause verkaufte, war auch nicht teurer als anderswo. Doch ist zu vermuten, daß bei den Bachs die vierte Bitte des Vaterunsers einen kleinen Einschub erhielt – die Erläuterung vielmehr, die Doktor Martin Luther zur vierten Bitte geschrieben hat: «Essen, Trinken, Kleider, Schuh, Haus, Hof, Acker, Vieh, Geld, Gut, fromm Gemahl, fromme Kinder, fromm Gesinde, fromme und getreue Oberherren, gut Regiment, gut Wetter, Friede, Gesundheit, Zucht, Ehre, gute Freunde, getreue Nachbarn und desgleichen» – das alles war im Hause Veit Bachs Gegenstand des täglichen Gebets und galt als unentbehrlich zu des «Leibes Nahrung und Notdurft».

Aber die Musik gehörte bei ihnen auch dazu und war ihnen lieb und wert und ehrwürdig wie das tägliche Brot, und vielleicht steckte sie in dem letzten Wörtlein von Luthers Auslegung – «desgleichen» –, also dicht hinter den guten Freunden und getreuen Nachbarn. Wer weiß, ob es je einen Johann Sebastian Bach an der Orgel gegeben hätte, wenn nicht zuvor ein Veit Bach mit seiner Zither dagewesen wäre.

Kurt Ihlenfeld

*Johann Sebastian Bach, geboren am 21. März 1685
in Eisenach, verlor schon früh die Eltern – neun
Jahre war er, als die Mutter starb, welcher bereits
ein Jahr darauf der Vater folgte. Der älteste der
Brüder, der 1671 geborene Johann Christoph –
mittlerweile wohlbestallter Organist in Ohrdruf –,
nahm die beiden jüngsten, Johann Jakob und Johann Sebastian, zu sich und schickte sie aufs dortige Gymnasium, das Sebastian bis zum 15. März
1700 besuchte.*

Was Bach hier lernte, ist nach dem Zuschnitt der
damaligen Schulen einseitig genug. Theologie, La-
tein und Griechisch, letzteres nur auf Grundlage
des Neuen Testaments, waren fast die einzigen
Lehrstoffe; dazu kam etwas Rhetorik und Arith-
metik.

Von römischen Schriftstellern wurden auf dieser Stufe Cornelius Nepos gelesen und Cicero,
nämlich dessen Briefe, das weitere tat die Einprä-
gung grammatischer Regeln in lateinischer Fas-
sung, taten metrische Disputations- und Stilübun-
gen. Französisch, der damaligen Bildung doch so
schwer entbehrlich, fehlte ganz, ebenso Geschichte.

Für die Musik aber waren von den dreißig wöchentlichen Stunden in Prima und Secunda je fünf, in Tertia und Quarta je vier angesetzt, und der unter Leitung des Kantors stehende Sängerchor erscheint in jener Zeit als ein Institut von großer Wichtigkeit. Sein Wirkungskreis umfaßte außer dem sonn- und festtäglichen Kirchendienste die Aufführung von Motetten und Konzerten bei Hochzeiten und Beerdigungen, und das für bestimmte Zeiten festgesetzte currente Singen von Tür zu Tür.

Der Regelmäßigkeit des Schulunterrichts tat diese Einrichtung freilich empfindlichen Eintrag, auch scheint es in Ohrdruf, im Gegensatz zu anderen Orten Thüringens, Sitte gewesen zu sein, daß die Schüler bei Hochzeiten am Gelage teilnahmen, nicht selten zur Störung ihres physischen und moralischen Gleichgewichts. – Wie reichlich die Beschäftigung des Schülerchors war, läßt sich aus seinen Einnahmen ersehen, welche sich beispielweise im Jahre 1720 während dreier Quartale auf 237 Taler, 11 Groschen, 6 Pfennig beliefen. – Hier fand nun Johann Sebastian für sein Talent neue Nahrung und schwang sich zu einem der vorzüglichsten Sänger auf, vielleicht zum Concertisten, der ein besonderes Stipendium empfing und auch bei der Einnahmeverteilung reichlicher bedacht wurde.

Der religiöse Standpunkt der Schule war der streng orthodoxe: Sämtliche Lehrer unterzeichneten die Concordienformeln. In diesen Verhältnissen wuchs Johann Sebastian zum Jüngling heran.

Paul Spitta

DER DIEB IN DER NACHT

Johann Christoph Bach, Organist in dem Gebirgswaldstädtchen Ohrdruf, hatte von dem Begräbnis seines Vaters, des alten Ambrosius Bach, nur eine geringe Hinterlassenschaft mit heimgebracht; Gold und Silber waren unbekannte Werte gewesen im Eisenacher Bachhaus. Aber Geschriebenes war da, das Johann Christoph in seinem Ohrdrufer Amte wohl gebrauchen konnte: nämlich Noten für Chor und Instrumente. Die hatte er zum Teil selber geschrieben, wie auch die jüngeren Brüder, auch Johann Sebastian, in der Notenschrift besser zu Hause waren als im Schönschreiben, das sie in der Schule mit der Eisenacher Jugend zusammen erlernten.

Noten, runde Köpfe auf langem Halse, die unruhigsten Lebewesen von der Welt, in ständiger Bewegung über ihre fünfsprossige Leiter hinweg begriffen; ganz anders als die langweiligen Buchstabenkolonnen, wo keiner vom andern sich lösen durfte, alle auf einer einzigen Linie einhermarschierten, immer weiter und weiter, man wußte eigentlich gar nicht, wohin. Es blieb eine langweilige Mühe, die auch dadurch nicht viel süßer wurde, daß eines Tages aus den vier Zeichen b-a-c-h das vertrauteste aller Worte sich geformt hatte, der eigene Name, der Name des Vaters, der Mutter, der Großeltern und der vielen Verwandten, die sich doch auch alle besser auf die Noten verstanden als auf die Buchstaben. Denn was da in unablässigem Steigen und Fallen das Liniengitter und seine Zwischenräume füllte und oben und unten weit überschritt – das war nicht Mühe, das war Spiel, Note für Note, Ton für Ton, Pause für Pause; und ein um so schöneres Spiel, als es sich innen im Ohr wie im Herzen einen ebenso unablässigen Widerhall schuf – Noten schreiben, das bedeutete Noten *hören*!

Und Johann Sebastian erfuhr schon früh, daß es auch das Umgekehrte gab, daß das Hören eher da war als das Schreiben, der Ton eher als die Note. Man war nicht allein darauf angewiesen, die Noten abzuschreiben, die andere zu einem Ganzen gefügt hatten – man konnte auch die unsichtbaren Noten abschreiben, wie sie im eigenen Inneren aufstiegen und zu den seltsamsten und wunderbarsten Folgen sich vereinigten.

Ambrosius Bach, der Vater, hatte auch diese Abschriften Johann Sebastians sorgsam aufgehoben. Johann Christoph, von Ahnung bewegt, tat sie zu den anderen und war entschlossen, an dem vierzehn Jahre jüngeren Bruder nichts zu versäumen, auf daß in ihm der Bachname einmal zu höherem Ruhme gelangen möchte. In Ohrdruf setzte er das väterliche Erziehungswerk fort und unterwies den lernbegierigen Knaben, so gut er nur vermochte, in den Geheimnissen des heiter-ernsten Spiels von Tönen und Stimmen und Figuren, das die Bachs nun schon seit einem Jahrhundert und länger, mitten im Herzen von Deutschland und nach immer künstlicheren Regeln, unentwegt geübt hatten.

Johann Christoph hatte es dem sterbenden Vater in die Hand versprochen, sich des begabtesten seiner jüngeren Brüder in Treue, aber auch mit Strenge anzunehmen. Und wo der Vater im tieferen Wissen um den künftigen Vollender aller Mühen des Geschlechtes zur Nachsicht geneigt gewesen wäre, da ließ den älteren Bruder die einmal übernommene Verantwortung leicht ins Gegenteil verfallen: in übertriebene Gewissenhaftigkeit, in kleinliche Besorgnis, dahinter im Grunde doch nur die eigene Hilflosigkeit sich versteckte gegenüber dem Anspruch des Genius.

Johann Christoph erinnerte sich wohl auch des schönen Beispiels brüderlicher Zuneigung und Eintracht, das der Vater ihnen allen im Umgang mit seinem Zwillingsbruder gegeben hatte. Der

13

hatte ebenfalls Johann Christoph geheißen und war in Arnstadt als Stadt- und Hofmusikus beamtet gewesen. Und wie sie beide einander im Leben geglichen hatten – sei es im Anzug, sei es in der Gebärde, sei es im Charakter ihrer Musik, so zwar, daß es oft ihren eigenen Freunden schwerfiel, Ambrosius von Johann Christoph zu unterscheiden, Johann Christoph von Ambrosius –, so war noch ihr Sterben das Siegel auf die lebenslang bewährte Gemeinschaft: Sie gingen beide im gleichen Jahr 1695 heim, zuerst Ambrosius, dann Johann Christoph. «Siehe, wie fein und lieblich ist es, wenn Brüder einträchtig beieinander wohnen» – hier war das Psalmwort, das der Geistliche an Johann Christophs Grabe zu seiner Predigt gebrauchte, einmal wahr geworden.

Was lag näher, als daß auch Johann Christoph der Jüngere es sich zur Richtschnur nahm, als er die beiden verwaisten unmündigen Brüder Johann Jakob und Johann Sebastian zu sich nahm. Nur daß, wie gesagt, sein redlicher Wille zu brüderlicher Eintracht leicht in Widerstreit geriet mit der Strenge, die er sich in der Erziehung Johann Sebastians zur Pflicht gemacht hatte.

Ein einfaches Notenheft, wie es deren ganze Stöße in seinem Hause gab, sollte diesen Widerstreit eines Tages – zu Johann Christophs eigenem Erstaunen und Erschrecken – offenbar machen. Er hatte es aus Eisenach mitgebracht, einen biegsa-

14

men Band grauen körnigen Notenpapieres, dessen viele Seiten von seiner eigenen Hand dicht beschrieben waren. Pachelbel, Froberger, Kerll, Sweelinck, so und ähnlich lauteten die Namen der Orgelmeister, von deren jedem das Heft mehrere Werke enthielt, Klavierstücke, zu deren Bewältigung es schon eines meisterlichen Könnens bedurfte.

Johann Sebastian, dem die Namen dieser Männer längst von seinem Vaterhause her vertraut waren, begehrte lebhaft, die ihm noch unbekannten Stücke versuchen zu dürfen. Der glühende Ernst, mit dem der Neunjährige seine Bitte vortrug, machte den Bruder betroffen. Rasch breitete er seine Hände über das auf dem Tisch liegende Heft, wie um es den gierigen Augen des Knaben zu entziehen, und verwies ihm mit scharfen Worten seinen Vorwitz. Es wäre vom Übel, sagte er, Sprünge zu machen und Dinge, die einen reiferen Verstand und eine geübtere Hand erforderten, sich vorzeitig aneignen zu wollen. Gegen jede Ordnung wäre das, und tatsächlich hatte er sich ja einen Plan zurecht gemacht, nach welchem er binnen wohlbemessener Frist den Bruder ans Ziel zu bringen gedachte.

Johann Sebastian fügte sich, ohne zu widersprechen, dem Willen des Bruders – und gab sich doch nicht zufrieden. Denn er lebte schon jetzt in einer anderen Ordnung, einer höheren, die dem einfachen Gemüte seines Bruders nicht zugänglich war. Unbewußt lebte er in ihr, und darum ohne Eitelkeit, fühlte wohl auch die Güte in der Strenge des Bruders und wollte den Mann, der Vaterstelle an ihm vertrat, weder verachten noch erzürnen, sondern, wie das Gebot von ihm forderte, ihn «in Ehren halten, ihm dienen, gehorchen, ihn lieb und wert haben».

Doch ließ der Gehorsam gegen die andere, ihm allein vertraute und zugängliche Ordnung den Knaben, indem er dem Bruder sich unterwarf, zugleich darauf achten, was aus dem Notenheft würde, nach dessen Besitz er mit allen Fasern strebte.

Nun tat Johann Christoph damit, was seine Besorgnis ihm eingab: Er verschloß es vor den Augen Johann Sebastians in einem nach alter Art mit einer Gittertür versehenen Schrank, und es lag etwas Endgültiges in der Gebärde, mit der er den Schlüssel umdrehte, ihn aus dem Schlosse zog und in der Tasche seines schlichten Alltagsrockes verschwinden ließ. Er wünschte, daß Johann Sebastian es bemerkte, aber auch, daß hinfort von dem Gegenstand zwischen ihnen beiden nicht mehr die Rede sei. Sein Schüler gehorchte.

Die Knospe jedoch, die im Begriff ist, ihre Hülle zu sprengen und der Blüte den Weg ans Licht freizugeben, folgt einem inneren Befehl, der zwingender ist als jedes menschliche Gebot. Johann Christoph Bach hätte dies wissen sollen, aber es blieb ihm verborgen. Er freute sich des raschen Einverständnisses, das er bei seinem Schüler fand, und glaubte seinen Erziehungsplan weiterhin ungestört verwirklichen zu können – und war doch mit Blindheit geschlagen hinsichtlich dessen, was Johann Sebastian in der Stille unternahm, um zu seinem Ziele, und das hieß für ihn, in den Besitz des Notenheftes, zu gelangen.

Mit seinem Bruder Johann Jakob zusammen war ihm ein neben dem Unterrichtszimmer gelegenes Stübchen als Schlafgemach angewiesen worden: einfach und schmucklos, wie sie es von Eisenach her gewohnt waren. Es hatte ein schmales Fenster, durch das der Blick in einen engen Hof hinab ging, darüber hinweg aber nach dem schönen, immergrünen Walde, der den Ort von allen Seiten umsäumte. Dort über dem Walde standen des Nachts die Sterne, dort schwebte die zarte Sichel des Mondes oder stieg das volle Gestirn herauf und goß auf die schlummernde Stadt mit ihren Dächern und Mauern und Brunnen ein überirdisches Licht.

Die Knaben sahen es oft, wenn sie, anstatt zu schlafen, noch ins Dunkel hinein flüsterten und des Elternhauses gedachten, des Gartens, der Schule und ihrer Spiele, der herzoglichen Stadt und ihrer alt-berühmten Burg. Sie sahen es langsam auch in ihre Stube dringen, über Betten und Stühle hinweggleitend, einen bleichen Zauber, eine unfaßliche Flut. Sie lagen und hielten den Atem an.

Johann Sebastian aber, sobald seinem geflüsterten Anruf aus dem anderen Bette keine Antwort mehr ward, schlug das Bettzeug zurück, setzte vorsichtig die Füße auf die vom Alter knarrende Diele und tastete sich langsam zur Türe hin und weiter in den anstoßenden Raum. Auch dieser war von der weißlichen Flut des Mondlichtes auf das wundersamste verwandelt: die Instrumente, die an den Wänden hingen oder lehnten – hölzerne Flöten verschiedenen Umfanges, die geschwungenen Leiber der Geigen und Celli, endlich auch der große, mit Noten bedeckte Flügel –, alles war in den fließenden Schimmer getaucht, den das geisterhafte Gestirn verbreitete. Nur der vergitterte Schrank in der Ecke stand als dunkle Masse da, streng und ernst wie Johann Christoph, ein zuverlässiger Hüter des Geheimnisses.

Den Knaben aber hatte das Verlangen nach eben diesem hierher geführt. Was der Tag ihm verweigerte, das hoffte er in der Nacht sich anzueignen. Schon in der ersten Nacht, die auf das brüderliche Verbot folgte, gelang ihm der Anschlag auf das im Gitterschrank versteckte Notenheft. Er war auf einen Stuhl gestiegen, und wie er's noch bei Tageslicht versucht hatte, so vermochte er auch jetzt den mageren Kinderarm durch das Gitter zu zwängen und zwischen den geschmiedeten Stäben hindurch den ersehnten Gegenstand in seine Gewalt zu bringen. Denn er hatte beschlossen, kaum daß das brüderliche Verbot ausgesprochen war, die in dem Heft enthaltenen Schätze durch Abschreiben, durch nächtliches Abschreiben sich anzueignen.

Gleich in der ersten Nacht begann er mit der Arbeit: über den Tisch am Fenster gebeugt, das Mondlicht nutzend – ein Dieb, der doch nur an sich riß, was ihm ohnehin schon gehörte –, schrieb er, unbesorgt um Entdeckung, dem Spiel der Noten mit aufmerksamem Blick, mit gesammeltem Geiste folgend, die Werke jener Meister ab, deren Namen ihm so vertraut waren, wie anderen Kindern die Helden der Märchen und Sagen. Der Mond war sein Gehilfe und lieh ihm freundlich von seinem Schein.

Erst nach vielen Wochen gingen Johann Christoph die Augen auf über den brüderlichen Ungehorsam; zu spät, als daß er dem Knaben den Weg zu den Meistern noch hätte verlegen können. Zwar mußte Johann Sebastian die fast vollendete Abschrift herausgeben und tat es ohne Widerstreben. Er besaß nun innen, wonach er getrachtet hatte, überm Abschreiben war es dort sein Eigentum geworden. Und noch der in die letzten Geheimnisse des heiligen Spiels eingeweihte Thomaskantor sollte es nicht verschmähen, so viel geringere Meister durch fleißiges Abschreiben ihrer Werke zu ehren. In den Mondnächten zu Ohrdruf hatte er beides gelernt: dem inneren Gebot gegen allen äußeren Widerstand zu gehorchen – zugleich aber demütig sich hinzugeben an gute und große Beispiele, wo immer sie zu finden wären.

Kurt Ihlenfeld

ABSCHIED VON MÜHLHAUSEN

Da die Familie des Bruders immer größer wurde und immer mehr Mäuler gestopft werden mußten, versuchte der junge Johann Sebastian schon in jungen Jahren, anderwärts unterzukommen.

Seine erste Station hieß Lüneburg, wo er zunächst mit seinem schönen Sopran als Sänger im Chor und später als Geiger im Orchester der Schule des Michaeliklosters aufgenommen wurde.

Als er das Gymnasium absolviert hatte, nahm er, nach wenigen Monaten in Weimar, 1704 die Organistenstelle in Arnstadt an. Da das Amt ihn nicht allzusehr in Anspruch nahm, konnte er hier sein Orgelspiel zur Meisterschaft entwickeln – Voraussetzung für seine Mühlhausener Berufung im Frühjahr 1707.

Allerdings war er nicht der Mann, die damals in Mühlhausen herrschenden desolaten musikalischen Verhältnisse zu bessern, und so bat er denn auch

schon ein Jahr später wieder um die Genehmigung,
vom Amt zurücktreten zu dürfen – sein Gesuch
wurde umgehend akzeptiert.

An Die
Allerseits *respective*
Höchst und Hochgeschätzten
Herrn Eingepfarrten
D. Blasii,
unterthäniges
Memoriale.
Magnifice, Hoch und Wohl Edle, Hoch und
Wohlgelahrte, Hoch und Wohlweise Herrn Hoch-
geneigte Patroni und Herrn.

Welcher gestallt Eure Magnificenz, und Hochge-
schäzte Patronen zu dem vor dem Jahre verledig-
tem Organisten Dienste der Kirche St. Blasii meine Wenigkeit Hochgeneigt Haben bestellen, dar-
neben auch Dero Milde zu meiner beßeren subsis-
tenz mich genießen laßen wollen, habe mit gehor-
sahmen Danck jederzeit zu erkennen. Wenn auch
ich stets den Endzweck, nemlich eine regulirte kirchenmusic zu Gottes Ehren, und Ihren Willen
nach gerne auffführen mögen, und sonst nach meinem geringen vermögen der fast auf allen Dorf-
schafften anwachsenden kirchenmusic, und oft beßer, als allhier fasonirten harmonie möglichst auf-
geholffen hätte, und darümb weit und breit, nicht

sonder kosten, einen guthen apparat der auserle-
ßensten kirchen Stücken mir angeschaffet, wie
nichts weniger das project zu denen abzuhelffen-
den nöthigen Fehlern der Orgel ich pflichtmäßig
überreichet Habe, und sonst aller Ohrt meiner Bestallung mit lust nachkommen währe: so hat sichs
doch ohne wiedrigkeit nicht fügen wollen, gestalt
auch zur zeit die Wenigste apparence ist, daß es
sich anders, obwohl zu dieser kirchen selbst eigenen Seelen vergnügen künfftig fügen möchte, über
dießes demüthig anheim gebende, wie, so schlecht
auch meine Lebensarth ist, bey dem Abgange des
Haußzinses und anderer äußerst nöthigen con-
sumtion, ich nothdürftig leben könne.

Alß hat es Gott gefüget, daß eine Enderung mir
unvermuthet zu Handen kommen, darinne ich
mich in einer hinlänglicheren subsistence und Er-
haltung meines endzweckes wegen der Wohlzufa-
ßenden kirchenmusic ohne verdrießlichkeit anderer ersehe, Wenn bey Ihro Hochfürstl. Durchl. zu
Sachsen-Weymar zu dero Hofcapell und Cammer
music das entree gnädigst erhalten habe.

Wannenhero solches Vorhaben meinen Hoch-
geneigtesten Patronen ich hiermit in gehorsamen
respect habe hinterbringen und zugleich bitten
sollen, mit meinen geringen kirchen Diensten vor
dießesmahls vor willen zu nehmen, und mich mit
einer gütigen dimission förderlichst zu versehen.
Kan ich ferner etwas zu Dero Kirchen Dienst con-

tribuiren, so will ichs mehr in der That, als in
Worten darstellen, verharrende lebenslang
    Hochedler Herr
    Hochgeneigte Patronen und Herrn
    Deroselben
                 Dienstgehohrsamster
                    Joh. Seb. Bach.
Mühlhausen, den 25. Jun. ano: 1708.

VON HERZOG WILHELM ERNST
ZU FÜRST LEOPOLD

In der Stellung, die er nun antrat, kam Bach als
Hoforganist und Kammermusikus zum regierenden Herzog Wilhelm Ernst von Weimar. Dieser
gehörte zu den vornehmsten und gebildetsten
Fürsten seiner Zeit und war der Kunst von gan-
zem Herzen ergeben. Als Bach bei ihm in Dienst
trat, stand sein Herr im sechsundvierzigsten Le-
bensjahre. In den religiösen Kämpfen hielt er sich
zur Orthodoxie und wachte über die reine Lehre
in seinem Volke. Seine Ehe mit einer Prinzessin
von Sachsen-Jena war früh geschieden worden.
    Die Hofkapelle zählte etwa zwanzig Mitglieder.
Manche darunter – wie es damals überall war –
fungierten im Nebenamte als Lakaien, Köche oder

Jäger. Bei besonderen Gelegenheiten warteten sie ihrem Herrn im Heiduckenhabit auf. Bach wird sich also auch wohl in dieses Kostüm haben stecken müssen.

Die Orgel in der Schloßkirche war nicht groß, muß aber nach der erhaltenen Disposition einen einheitlichen schönen Klang gehabt haben. Daß sie im Kornetton, das heißt eine kleine Terz über dem Kammerton stand, mochte der Meister zuweilen unangenehm empfinden.

In der Stadtkirche befand sich ein bedeutend größeres Werk. Es wurde von Johann Gottfried Walther, dem nachmaligen Verfasser des ersten deutschen musikalischen Lexikons, gespielt. Durch seine Mutter, eine geborene Lämmerhirt, stand er Bach verwandtschaftlich nahe. Beide Männer scheinen miteinander durch aufrichtige Freundschaft verbunden gewesen zu sein. Ob sie, nachdem Bach Weimar verlassen hatte, noch viel miteinander verkehrt haben, wissen wir nicht. Spitta vermutet, daß sich später eine gewisse Entfremdung zwischen ihnen bemerkbar gemacht habe, weil Walther in dem Musiklexikon, das er 1732 herausgab, Bach nur mit einem ziemlich kurzen Artikel bedenkt. Der Schluß ist nicht zwingend. Walther beschränkt sich in seinen Artikeln prinzipiell auf eine Aufzählung der gestochenen Werke. Der Abschnitt über Händel ist noch kürzer als der über Bach.

Des Meisters Gehalt betrug zu Anfang hundertundsechsundfünfzig Gulden; bis zum Jahre 1713 stieg es auf zweihundertundfünfundzwanzig. In dem darauffolgenden Jahre wurde es wahrscheinlich noch erhöht, da Bach zum Konzertmeister emporrückte. Von nun an hatte er Kantaten für die Gottesdienste zu liefern. Kapellmeister war Johann Samuel Drese, damals schon ein hoher Siebziger. Sein Sohn Johann Wilhelm war ihm als Stellvertreter beigegeben.

Ob Bach zu dem Fürsten, in dessen Dienst er stand, in ein näheres persönliches Verhältnis trat, wissen wir nicht. Wahrscheinlich ist es nicht, denn sonst wäre es unerklärlich, wie man ihn übergehen konnte, als es sich um die Nachfolge des 1716 verstorbenen Kapellmeisters handelte. Zuerst versuchte man Telemann, der damals in Frankfurt war, zu gewinnen. Als dieser ablehnte, erhielt Dreses Sohn die Stelle. Er war ein unbedeutender Musiker; sein einziger Anspruch bestand darin, daß er seinen Vater während der letzten Jahre ständig ersetzt hatte.

Von da an trachtete Bach, wie er am schnellsten von Weimar fortkäme. Als ihm der Fürst Leopold von Anhalt-Köthen den Posten eines Kapellmeisters an seinem Hofe antrug, griff er mit beiden Händen zu, was er sicher nicht getan hätte, wenn es ihm nicht darauf angekommen wäre, um jeden Preis eine andere Stellung zu finden. Das Amt hatte für die Ziele, die er sich gesteckt hatte, gar nichts Verlockendes. Der Hof von Köthen war reformiert; die Kirchenmusik fiel also weg. In der Schloßkapelle stand eine kleine unbedeutende Orgel; die der reformierten Stadtkirche war etwas größer. Bach war nur der Leiter der Kammermusiken seines Herrn.

In der Eile von Weimar fortzukommen, scheint er seine alsbaldige Entlassung in etwas dringlicher Weise gefordert zu haben. Der Landesvater, der an solchem Wesen keinen Gefallen hatte, ließ den widerspenstigen Hoforganisten am 2. November arretieren und bis zum 2. Dezember in Arrest halten.

Zur Weihnachtszeit 1717 trat der Meister seine neue Stellung an. Wenn sie ihm auch keine volle künstlerische Befriedigung bot, so war sie doch in anderer Hinsicht äußerst angenehm. Der Fürst war jung – er zählte noch nicht fünfundzwanzig Jahre – und verfügte über eine gründliche musikalische Bildung. Er hatte Italien bereist und sich dabei von Johann David Heinichen (1683 bis 1729), einem der bedeutendsten Musiktheoretiker jener Zeit, begleiten lassen, daß er ihn in die italienische Kunst einführe. In der Kapelle, die nicht sehr groß war, scheint er selber als Violinist mitgewirkt zu haben. Auch besaß er einen gut ausgebildeten Baß.

Dieser Prinz war in der Lage, die Bedeutung seines Kapellmeisters vollauf zu würdigen. Er war stolz auf ihn und ließ sich von ihm auf allen seinen Reisen begleiten. Mit der Zeit entwickelte sich eine herzliche Freundschaft zwischen den beiden Männern, die auch nach dem Weggang des Meisters noch fortbestand.

Albert Schweitzer

«CLAVIERÜBUNG» FÜR EINEN PRINZEN

Von diesem herzlichen Verhältnis über die Jahre von Bachs Arbeit in Köthen hinaus zeugt auch folgende Widmung der ersten Partita der «Clavierübung», die Bach 1726 an die Fürstin Charlotte von Köthen-Anhalt, die zweite Frau seines einstigen «Arbeitgebers», Fürst Leopold, schickte. 1731 nahm er das Werk in seine aus sechs Suiten bestehende «Clavierübung» auf.

Der kleine Erbprinz, anläßlich dessen Geburt am 12. September 1726 der Komponist hier zum Dichter wird, starb schon zwei Jahre später.

Dem Durchlauchtigsten Fürsten und Herrn
Herrn Emanuel Ludewig,
Erb-Printzen zu Anhalt, Hertzogen zu Sachßen,
Engern und Westphalen, Grafen zu Ascanien,
Herrn zu Bernburg und Zerbst u.s.w.
Widmete diese geringe Musicalische Erst-
linge aus unterthänigster Devotion
Johann Sebastian Bach

Durchlauchtigster
Zarter Printz
    den zwar die Windeln decken,
Doch den sein Fürsten-Blick mehr als erwach-
    sen zeigt,
Verzeihe, wenn ich Dich im Schlaffe sollte
    wecken,
    Indem mein spielend Blatt vor Dir sich nieder
    beugt.
Es ist die erste Frucht, die meine Saiten bringen,
    Du bist der erste Printz, den Deine Fürstin
    küßt,
Dir soll sie auch zuerst zu Deinen Ehren singen,
    Weil Du, wie dieses Blatt, der Welt ein Erstling
    bist.
Die Weisen dieser Zeit erschrecken uns und sagen:
    Wir kämen auf die Welt mit Wünzeln und Ge-
    schrey,
Gleichsam als wollten wir zum vorauß schon be-
    klagen,

Daß dieses kurtze Ziel betrübt und kläglich sey.
Doch dieses kehrt ich um, und sage, das Gethöne,
   Das Deine Kindheit macht, ist lieblich, klar und
rein,
Drum wird Dein Lebens-Lauff vergnügt, beglückt
und schöne,
   Und eine Harmonie voll eitel Freude seyn.
So Hoffnungs-voller Printz will ich Dir ferner
spielen,
   Wenn Dein Ergözungen noch mehr als tausend-
fach.
Nur fleh ich, allezeit, wie jetzt den Trieb zu
fühlen,
   Ich sey
         Durchlauchter Printz,
               Dein
                  tiefster Diener
                     Bach.

ANNA MAGDALENA

Die sechs Jahre, die Bach in der kleinen Residenz
verlebte, waren die angenehmsten seiner ganzen
Laufbahn. Er hatte Zeit zum Komponieren, und
keinerlei Widerwärtigkeiten trübten seine Schaf-
fensfreude. In die Köthener Zeit fällt aber auch das

schwerste Unglück, von dem er heimgesucht wurde. Als er im Juli 1720 mit dem Prinzen von Karlsbad zurückkehrte, fand er seine Frau nicht mehr am Leben. Sie war plötzlich gestorben. Am 7. Juli hatte man sie begraben. Der Gatte konnte nur zum Erdhügel hinauspilgern, der diejenige deckte, die dreizehn Jahre lang in Treue und Hingebung sein Schicksal geteilt hatte.

Von den sieben Kindern, die Maria Barbara ihm geboren hatte, hinterließ sie vier am Leben; das älteste, eine Tochter mit Namen Katharina Dorothea, war zwölf Jahre alt; Wilhelm Friedemann zählte deren zehn; dann kamen Philipp Emanuel und sein um ein Jahr jüngerer Bruder Johann Gottfried Bernhard.

Anderthalb Jahre später fand Bach eine neue Lebensgefährtin in Anna Magdalena Wülken, der Tochter des weißenfelsischen Hof- und Feldtrompeters Johann Caspar Wülken. Die Hochzeit wurde am 3. Dezember 1721 gefeiert. Der Bräutigam war sechsunddreißig, die Braut einundzwanzig Jahre alt.

Die Ehe war in jeder Hinsicht eine vollendet glückliche. Anna Magdalena war nicht nur eine sorgsame Hausfrau, die sich der verwaisten Kinder aufs freundlichste annahm, sie war auch eine Künstlerin, die dem Schaffen ihres Mannes mit Verständnis zu folgen vermochte. Sie besaß eine schöne, gut ausgebildete Sopranstimme. Ihr Mann ließ es sich angelegen sein, ihren musikalischen Sinn zu fördern. Wir besitzen noch zwei *Klavierbüchlein von Anna Magdalena Bach,* das erste stammt aus dem Jahre 1722; das zweite, mit schönem grünen Ledereinband, trägt die Jahreszahl 1725.

In dem ersten stehen vierundzwanzig leichte Klavierstücke; das zweite enthält Präludien, Suiten, Choräle, sowie geistliche und weltliche Lieder. Auch in der Ausführung des bezifferten Basses unterrichtete der Meister seine Gattin. Am Schlusse des *Klavierbüchleins* von 1725 finden sich von seiner Hand «einige höchst nötige Reguln vom General Basso» aufgezeichnet.

Die Schülerin vergalt ihm die Mühe reichlich, indem sie ihm beim Notenabschreiben behilflich war. Eine Reihe der schönsten Werke Bachs liegen uns in ihrer Handschrift vor. Mit den Jahren werden ihre Noten denjenigen ihres Mannes so ähnlich, daß sie ihnen zum Verwechseln gleich sehen. Lange Zeit hielt man zum Beispiel die Partitur der Kantate «O heil'ges Geist- und Wasserbad» (Nr. 165) für autograph, bis Spitta darauf kam, daß sie eine Reinschrift von Anna Magdalena sei. Wie manche Stunde mag sie der Haushaltungsarbeit abgestohlen haben, wenn die Woche dem Ende zuging und die Stimmen der neuen Kantate noch nicht abgeschrieben waren!

Sie lernte auch die Knaben zu diesem Geschäfte

an. In der zweiten Oboestimme der Kantate «Ihr, die ihr euch von Christo nennet» (Nr. 164) sind die Überschriften, die Schlüssel und Taktzeichen von ihrer Hand, nicht aber die linkischen und steif aneinandergereihten Noten. Ein kleines Monogramm am Schlusse der Stimme, das die drei Buchstaben W F B ineinander zu verschlingen sucht, verrät den Abschreiber: Wilhelm Friedemann Bach! Die Kantate stammt wahrscheinlich aus dem Jahre 1724; der Knabe war damals vierzehn Jahre alt; es war seine erste Reinschrift. Man sieht ihn am Tisch sitzen; die Sonne spielt auf der Diele; die Mutter im geschäftigen Hin- und Hergehen überwacht seine Arbeit. Soeben hat er *il Fine* darunter geschrieben. Ihr ist's nicht schön genug; sie schreibt es noch einmal mit ihren großen, ruhigen Buchstaben. Auf der Treppe ein Schritt. Die Tür geht auf. Der Vater kommt heim.

Aber gerade um seiner heranwachsenden Knaben willen mußte Bach daran denken, sich nach einer andern Stelle umzusehen. Köthen war nicht der Ort, wo er ihnen die Erziehung angedeihen lassen konnte, die sie brauchten. Er selber sehnte sich nach seiner Orgel zurück und litt darunter, daß er mit Kirchenmusik so gut wie gar nichts zu tun hatte. Hamburg zog ihn an. Obwohl die dortige Oper lange nicht mehr auf ihrer früheren Höhe stand, war diese Stadt immer noch einer der musikalischen Mittelpunkte Deutschlands. Hier saß

Mattheson [Johann M. 1681–1764, damals bedeutender Hamburger Komponist und Musikschriftsteller] über die Künstler und ihre Werke zu Gericht, hier spielte sich der Kampf zwischen moderner und alter Kirchenmusik ab; hier standen die herrlichsten Orgeln; hier wirkte Erdmann Neumeister, der bekannte Textdichter für Kirchenkantaten.

Nun traf es sich, daß die Organistenstelle zu St. Jakobi im September 1720 durch den Tod ihres bisherigen Inhabers, Heinrich Friese, frei wurde. Wenige Wochen darauf kam Bach nach Hamburg und produzierte sich vor dem fast hundertjährigen Reinken [Jan Adam R., 1623–1722, Komponist und Organist] und einer auserlesenen Gesellschaft auf der Orgel der St. Katharinenkirche. Bekannt ist, wie der alte Orgelmeister auf den jüngeren, der soeben eine halbe Stunde über den Choral «An Wasserflüssen Babylon» phantasiert hatte, zutrat und ihm das Kompliment machte: «Ich dachte, diese Kunst wäre ausgestorben; ich sehe aber, daß sie in Ihnen noch lebt.» Das Lob war um so schmeichelhafter, als Reinken dieselbe Melodie in einem großen Choralvorspiel behandelt hatte, auf das er nicht wenig stolz war.

Man erließ Bach das Probespiel für St. Jakobi. Als sicher darf gelten, daß Neumeister [Erdmann N., 1671–1756, Pastor, Librettist von Kantaten], der an dieser Kirche als Prediger angestellt war, seine Wahl emsig betrieb. Sein Kandidat fiel aber durch. Bei der am 19. Dezember stattfindenden Wahl triumphierte ein gewisser Johann Joachim Heitmann. Aus den Kirchenrechnungen wird ersichtlich, worin in den Augen des Kollegiums zu St. Jakobi sein Vorzug vor Bach bestand. Am 6. Januar 1721 bezahlte er aus Erkenntlichkeit für die Wahl viertausend Mark an die Kirchenkasse. Daß er so viel für den Besitz der Stelle aufwandte, läßt vermuten, daß sie durch die Nebeneinnahmen aus den Kasualien sehr einträglich war. Freilich konnte er nicht ahnen, daß er sich mit diesem Gelde zugleich einen Platz in jeder Bachbiographie, das heißt die Unsterblichkeit, erkaufte.

Neumeister war entrüstet und machte seinem Ärger in einer Predigt Luft. Als er um die Weihnachtszeit auf die musizierenden Engel bei Christi Geburt zu sprechen kam, fügte er hinzu, daß ihnen ihre Kunst in Hamburg freilich nichts nützen würde. Er glaube ganz gewiß, wenn auch einer von den bethlehemitischen Engeln vom Himmel käme, der göttlich spielte und wollte Organist zu St. Jakobi werden, hätte aber kein Geld, so möchte er nur wieder davonfliegen.

Ob Mattheson sich in dieser Angelegenheit für Bach verwandte, ist nicht bekannt. Man kann es als ein Unglück bezeichnen, daß der Meister nicht nach Hamburg kam. Die Stellung bot bei weitem weniger Schwierigkeiten und Anlaß zu Demütigungen, als die, welche er dann in Leipzig annahm. Andrerseits darf man nicht vergessen, daß er in Hamburg für seine Kirchenmusik auf die Chöre fast ganz hätte verzichten müssen, da solche dort nicht existierten. Und welche Ermutigung hätte er für sein Schaffen bei einer Behörde gefunden, die das Geld der Kunst vorzog?

Anderthalb Jahre später, im Juni 1722, wurde das Thomaskantorat in Leipzig frei. Der Rat suchte nach einem würdigen Nachfolger Kuhnaus, dachte aber zunächst gar nicht an Bach, sondern unterhandelte mit Telemann, der damals als der bedeutendste Komponist Deutschlands angesehen wurde und bei den Leipzigern von seiner Studienzeit (1701–1704) her in bester Erinnerung stand.

Die Verhandlungen zerschlugen sich, da man Telemann in Hamburg, wo er eben erst, 1721, als städtischer Musikdirektor angestellt worden war, nicht ziehen lassen wollte. Neben ihm kam hauptsächlich der darmstädtische Kapellmeister Graupner, ein tüchtiger Schüler Kuhnaus, in Betracht. Bach meldete sich erst gegen Ende des Jahres. Er zögerte so lange, weil es ihn sauer ankam, die angenehme Stellung in der Umgebung des feingebildeten Fürsten zu verlassen, aus einem Hofkapellmeister ein einfacher Kantor zu werden, einem Schulrektor zu unterstehen und Singknaben zu unterweisen. Zuletzt überwand er sich und opferte seinen Kindern seine Muße und seinen Stolz.

«Ob es mir nun zwar anfänglich gar nicht an-
ständig seyn wolte», schreibt er einige Jahre später
an seinen Freund Erdmann, «aus einem Kapellmeister ein Kantor zu werden. Weßwegen auch
meine Resolution auf ein Viertel Jahr trainierte;
jedoch wurde mir diese Station dermaßen *favorable* beschrieben, daß endlich, zumahle da meine
Söhne denen *studiis* zu inclinieren schienen, (ich)
es in des Höchsten Nahmen wagete und mich nacher Leipzig begabe, meine Probe ablegete, und so
dann die Mutation vornahm.»

Das Probestück wurde ihm nicht erlassen, da
man nicht einmal bei Telemann davon abgesehen
hatte. Er führte als solches die Kantate «Jesus
nahm zu sich die Zwölfe» am Sonntag Estomihi,
den 7. Februar 1723 auf. Da Graupner seine Entlassung vom Darmstädter Hof nicht konzediert
erhielt und die andern Bewerber sich mit Bach
nicht messen konnten, wurde er einstimmig gewählt.

Es ist neuerdings Mode geworden, dem Leipziger Rat einen billigen Vorwurf daraus zu machen,
daß er mit Bach erst fürlieb nahm, nachdem er
vergebens den «seichten» Telemann und den un-
bedeutenden Graupner zu gewinnen suchte. Sehr
zu Unrecht. Diese beiden waren in Leipzig gut
bekannt und hatten für die Mitwelt einen Namen,
den Bach noch nicht hatte. Man kann doch von
einer Behörde nicht verlangen, daß sie die Urteile

der Nachwelt ahnend vorwegnimmt. Der Magistrat war bemüht, Kuhnau einen anerkannt tüchtigen Musiker zum Nachfolger zu geben und sich durch keine andern Erwägungen leiten zu lassen. Darum ernannte er zuletzt Bach. Diese Wahl ehrte die Wähler und den Bewerber. Denn sicher fühlte sich auch Bach geehrt, der Nachfolger Kuhnaus zu sein.

Am 5. Mai (1723) wurde ihm seine Ernennung eröffnet; am Montag, den 31. desselben Monats, wurde er in sein Amt eingeführt. Er bezog die Kantorenwohnung im linken Flügel des Thomasschulgebäudes. Das Wandern hatte ein Ende.

Albert Schweitzer

DAS «WOHLTEMPERIERTE KLAVIER»

*Noch in seiner so glücklichen Köthener Zeit vollen-
dete Bach dieses Werk, das bis auf den heutigen
Tag wohl eine seiner bekanntesten Kompositionen
geblieben ist.*

Das Wohltemperierte Clavier,
oder
Praeludia, und
Fugen durch alle Tone und Semitonia,
So wohl tertiam majorem oder Ut Re Mi anlan-
gend, als auch tertiam minorem oder Re
Mi Fa betreffend. Zum
Nutzen und Gebrauch der Lehr-begierigen
Musicalischen Jugend, als auch derer in diesem stu-
dio schon habil seyenden besonderem
Zeit Vertreib auffgesetzet
und verfertiget von
Johann Sebastian Bach.
p. t: HochFürstlich Anhalt-
Cöthenischen Capèl-
Meistern und Di-
rectore derer
Cammer Mu-
siquen.
Anno
1722.

So überschrieb Bach sein Werk zur Verherrlichung einer Errungenschaft, auf welche die damalige musikalische Welt mit leicht begreiflicher Befriedigung hinblickte. Auf den alten Tasteninstrumenten war es unmöglich gewesen, in allen Tonarten zu spielen, weil Quinten und Terzen auf natürliche Art, nach den durch Abteilung der Saite gegebenen absoluten Intervallen, gestimmt waren. So erhielt man die eine Tonart zwar rein; die andern aber waren mehr oder weniger unrein, weil die als Terzen oder Quinten vorher für diese eine Tonart festgelegten Saiten nicht richtig hineinpaßten. Es mußte nun ein Plan gefunden werden, Terzen und Quinten nicht absolut, sondern relativ «temperiert», zu stimmen und sie in einer gewissen Schwebung zu halten, daß sie in keiner Tonart ganz rein, in allen aber erträglich waren. Die Frage wurde eigentlich schon aktuell, als man im Laufe des 16. Jahrhunderts dazu kam, auf dem Klavichord jeder Taste eine eigene Saite zuzuweisen, was früher nicht der Fall gewesen war; man hatte für mehrere Tasten dieselbe Saite benutzt, indem die durch diese in Bewegung gesetzten Tangenten die Saite zugleich für den betreffenden Ton abteilten und zum Erklingen brachten. Auch die Orgel verlangte gebieterisch nach temperierter Stimmung.

Nachdem schon die Italiener Giuseppe Zarlino (1558) und Pietro Aron (1529) sich mit solchen

Versuchen abgegeben hatten, fand der Halberstädter Orgelbauer Andreas Werkmeister (1645–1706) ein Stimmungsverfahren, das im Prinzip noch heute gilt. Er teilte die Oktave in zwölf gleiche Halbtöne, die sämtlich Mittelwerte darstellten. Seine Schrift von der «musikalischen Temperatur» erschien 1691. Das Problem war gelöst; die Komponisten konnten nun in allen Tonarten schreiben. Es dauerte jedoch ziemlich lange, bis alle die bisher gemiedenen in Anwendung kamen. In seiner 1728, also sechs Jahre nach der Entstehung von Bachs Werk erschienenen Generalbaßlehre, gesteht der berühmte Theoretiker Heinichen, daß man in H-dur und As-dur nur selten, in Fis-dur und Cis-dur aber überhaupt kein Stück zu setzen pflege. Daraus ersieht man zugleich, daß er Bachs Sammlung von Präludien und Fugen nicht kannte.

Einen Augenblick schien es, als sollte der Meister der Ehre verlustig gehen, das erste «Wohltemperierte Klavier» geschrieben zu haben. Anno 1880 wurde ein Manuskript eines Bernhard Christian Weber, Organist zu Tennstedt, bekannt, das einen dem des Bachschen Werkes fast gleichlautenden Titel trug und nach einer mit Rotstift eingetragenen Zahl aus dem Jahre 1689 stammen sollte. Die Aufregung legte sich aber bald, als der bekannte Musikforscher Tappert nachwies, daß man es nicht mit einem Vorläufer, sondern einem unbegabten Nachahmer aus der Mitte des 18. Jahrhunderts zu tun habe. Wenn man von einem Vorläufer Bachs reden kann, so ist es Mattheson, der in seiner «Organistenprobe» (1719), im Artikel vom Generalbaß, für die Verwendung aller Tonarten eintritt und aus jeder zwei Exempel, ein schweres und ein leichtes, bietet. Als dieses Werk erschien, stand aber bei Bach der Plan seines «Wohltemperierten Klaviers» schon fest...

Das «Wohltemperierte Klavier» gehört zu den Werken, an welchen man den Fortschritt der künstlerischen Bildung unter den aufeinanderfolgenden Generationen ermessen kann. Als Rochlitz [Johann Friedrich R., 1769–1842, Leipziger Musikschriftsteller] am Anfang des 19. Jahrhunderts diese Präludien und Fugen vornahm, erschienen ihm nur eine bestimmte Zahl von Stücken wirklich befriedigend. Er strich sie an und war erstaunt, wie beim wiederholten Spielen die Zahl der Kreuze sich allgemach mehrte. Wenn man ihm gesagt hätte, daß nach hundert Jahren jeder musikalisch gebildete Mensch alle Stücke dieser Sammlung in gleicher Weise als allgemeinverständlich empfinden würde, hätte es der erste Bachprophet wohl kaum geglaubt.

Die Tatsache, daß dieses Werk heute Allgemeingut geworden ist, mag über die andere hinwegtrösten, daß eine Analyse desselben fast ebenso unmöglich ist, wie die Schilderung eines Waldes durch Aufzählen der Bäume und Beschreibung ihres Aussehens. Man kann nur immer wieder das eine wiederholen: Nimm und spiel, daß du selber in diese Welt eindringest.

Gerade bei diesem Werk bleibt alles ästhetische Erklären notwendig an der Oberfläche. Was daran so ergreift, ist nicht die Form und nicht der Aufbau der Stücke, sondern die Weltanschauung, die sich darin widerspiegelt. Man genießt das «Wohltemperierte Klavier» nicht, sondern man erbaut sich daran.

Freude, Schmerz, Weinen, Klagen, Lachen: Alles tönt einem daraus entgegen, aber so, daß man durch die Töne, die solches ausdrücken, aus der Welt der Unruhe zur Welt des Friedens eingeht und die Wirklichkeit sieht, als ob man am Gebirgssee säße und Berge und Wälder und Wolken in einer stillen, unergründlich tiefen Flut beschaute.

Nirgends versteht man so gut wie im «Wohltemperierten Klavier», daß Bach seine Kunst als Religion empfand. Er schildert nicht natürliche Seelenzustände, wie Beethoven in seinen Sonaten, auch kein Ringen und Kämpfen nach einem Ziel hin, sondern das Reale des Lebens, wie es der Geist empfindet, der in jedem Augenblick sich bewußt ist, über dem Leben zu stehn und die widersprechendsten Gefühle, den wildesten Schmerz wie die ausgelassenste Heiterkeit, immer in derselben überlegenen Grundstimmung erlebt. Darum

liegt dieselbe Verklärung über dem schmerzdurch-
bebten Es-moll-Präludium des ersten Teils, wie in
dem sorgenlos dahinziehenden in G-dur aus dem
zweiten Teil. Wer diese wunderbare Beruhigung
einmal mitempfunden hat, hat den rätselhaften
Geist, der hier seine Weltanschauung in der Ge-
heimnissprache der Töne preisgibt, verstanden
und dankt ihm darum, wie man den einzig großen
Geistern dankt, denen es gegeben ist, Menschen
mit dem Leben zu versöhnen und zum Frieden zu
bringen.

Albert Schweitzer

AUF NACH LEIPZIG

*Der Ernennung vom 5. Mai 1723 war folgende
Bewerbung Bachs um das Amt des Thomaskantors
vorausgegangen:*

Demnach bey einem Hochweisen Rathe der Stadt
Leipzigk ich endesbenanter zu dem bey der Thomas-Schule daselbst vacanten Cantor-Dienste
mich gemeldet, und dießfalls auf meine Persohn
zu reflectiren geziemend gebeten, Als verspreche
ich krafft dieses, daß, daferne mein Suchen statt
finden und mir solcher Dienst aufgetragen werden

solte, ich nicht nur binnen dato und drei oder höchstens vier Wochen von der bey dem hochfürstl. Anhalt-Cöthischen Hoffe auf mir habenden Bestallung mich losmachen und dieser wegen wohlgedachtem Rathe den Dimission-Schein einhändigen, sondern auch, wenn ich solchen Cantor-Dienst würklich antrete, mich der Schul-Ordnung, so bereits vorhanden, oder noch aufgerichtet werden möchte, mich gemäs verhalten, absonderlich aber die Knaben, so auf der Schule recipiret worden, nicht alleine in denen darzu gehörigen ordentlichen Stunden, sondern auch privatissime im Singen ohne Entgeld informiren, und was mir sonst dabey zu thun oblieget, allenthalben gebührend verrichten, nicht weniger, daferne, jedoch mit Vorbewust und Bewilligung eines Hochweisen Raths, zu meiner Sublevation [Entlastung] beym informiren in der Lateinischen Sprache jemand erfordert werden sollte, denselben aus meinen eigenen Mitteln ohne von einem Hochweisen Rathe, oder sonst etwas zu begehren, davor vergnügen will, treulich und ohne Geschrei; Urkundlich habe ich darüber diesen Revers unter meiner Hand und Petschaft von mir gestellet. Geschehen Leipzigk, den 19ten Aprill 1723.

Johann Sebastian Bach p. t. Hochfürstlich Anhalt-Cöthenscher Capellmeister

DIE PFLICHTEN DES KANTORS DER SCHULE
ZU ST. THOMAS

Demnach ein Hochweiser Rath dieser Stadt Leipzig mich zum Cantorn der Schulen zu St. Thomas angenommen und einen revers in nachgesetzten Puncten von mir zu vollziehen begehret, nehmlich daß ich:

1) Denen Knaben in einem ehrbarn eingezogenen Leben und Wandel mit gutem Exempel vorleuchten, der Schulen fleißig abwarten und die Knaben treulich informiren.

2) Die Music in beyden Haupt-Kirchen dieser Stadt nach meinen besten Vermögen in gutes Aufnehmen bringen.

3) Einem Hochweisen Rathe allen schuldigen respect und Gehorsam erweisen und deßen Ehre und reputation aller Orten bestermaßen beobachten und befördern, auch so ein Herr des Raths die Knaben zu einer Music begehret ihme dieselben ohnweigerlich folgen laßen, außer diesen aber denenselben auf das Land zu Begräbnüßen oder Hochzeiten ohne des regierenden Herrn Bürgermeisters und der Herren Vorsteher der Schule Vorbewust und Einwilligung zu reisen keineswegs verstatten.

4) Denen Herren Inspectoren und Vorstehern

der Schule in allen und jeden was in Nahmen eines Hochweisen Raths dieselbige anordnen werden, gebührende Folge leisten.

5) Keine Knaben, welche nicht bereits in der Music ein Fundament geleget, oder sich doch darzu schicken, daß sie darinnen informiret werden können, auf die Schule nehmen auch solches ohne derer Herren Inspectoren und Vorsteher Vorwißen und Einwilligung nicht thun.

6) Damit die Kirchen nicht mit unnöthigen Unkosten beleget werden mögen, die Knaben nicht allein in der Vocal- sondern auch in der Instrumental-Music fleißig unterweisen.

7) In Beybehaltung guter Ordnung in denen Kirchen, die Music dergestalt einrichten, daß sie nicht zu lang währen, auch also beschaffen seyn möge, damit sie nicht opernhafftig herauskommen, sondern die Zuhörer vielmehr zur Andacht aufmuntere.

8) Die Neue Kirche mit guten Schülern versehen.

9) Die Knaben freundlich und mit Behutsamkeit tractiren, daferne sie aber nicht folgen wollen, solche moderat züchtigen oder gehöriges Orts melden.

10) Die Information in der Schule, und was mir sonsten zu thun gebühret, treulich besorgen.

11) Und da ich solche selbst zu verrichten nicht möchte, daß es durch ein ander tächtiges Subjec-

tum ohne eines Hochweisen Raths oder der Schule Beytrag geschehe, veranstalten.

12) Ohne des regierenden Herrn Bürgermeisters Erlaubnüß mich nicht aus der Stadt begeben.

13) In Leichenbegängnüßen jederzeit, wie gebräuchlich, so viel möglich bey und neben denen Knaben hergehen.

14) Und bei der Universitaet kein Officium ohne eines Hochweisen Raths Consens annehmen solle und wolle.

Als verreversire und verpflichte ich mich hiemit und in krafft dieses, daß diesen allen, wie obsteht, treulich nachkommen und bey Verlust meines Dienstes darwieder nicht handeln wolle. Zu Urkund habe ich diesen revers eigenhändig unterschrieben und mit meinem Petschafft bekräfftiget. So geschehen in Leipzig, den 5. Maii 1723

Johann Sebastian Bach.

SCHLECHTE ZEITEN

Vom Rate der Stadt Leipzig hatte der Thomaskantor strikte Anweisung erhalten, bei vorkommenden Begräbnissen die Chorschüler auf dem Wege vom Trauerhause zur Kirche und von da zum Friedhof zu begleiten. Anders als die von Fürsten,

Prinzen und Königen reichlich gespendeten Titel –
wie etwa der eines Hofcompositeurs, den Johann
Sebastian Bach lange erstrebte und endlich vom
sächsischen König erhielt – war der Titel eines
Kantors mit einem wirklichen Amt verbunden,
das von seinem Träger sehr alltägliche Dienste verlangte, wie etwa den Lateinunterricht in der Thomasschule oder die Aufsicht bei den Mahlzeiten
der Chorschüler oder [auch] ... das persönliche
Geleit bei Leichenbegängnissen, welche für die
wohlhabenderen Bürger gewöhnlich Anlaß zur
Entfaltung feierlichen Gepränges gaben.

Für den Kantor aber bedeuteten sie einen nicht
unwichtigen Teil seines Einkommens, wobei die
Gebühren sich danach richteten, ob die ganze oder
nur die halbe Schule die Leiche begleitete, ob vor
dem Trauerhause eine Motette gesungen wurde
oder nicht, und was dergleichen Unterschiede
mehr waren. Auch der größte aller Thomaskanto-
ren war, eine Zeitlang wenigstens, zu solchen
Diensten verpflichtet und nahm es bekümmert zur
Kenntnis, wenn am Monatsende sich herausstellte,
daß die sogenannten Accidentien, also die Ein-
künfte aus Beerdigungen und Trauungen oder
sonstigen besonderen kirchlichen Anlässen, unter
der durchschnittlichen Höhe blieben. Um seiner
Familie willen mußte ihm daran gelegen sein, daß
möglichst viele Verlobte sich entschlossen, vor den
Altar zu treten – aber auch, daß die Leute sich

hinsichtlich des Sterbens nicht gar zu zögernd ver-
hielten.

Zwar wurde im großen Kirchengebet allsonn-
täglich der Kranken gedacht, daß «Gott ihren
Jammer ansehen wolle und Hilfe tun mit ausge-
strecktem Arme, daß sie mögen genesen und ge-
sund werden», auch um Abwendung von Seuchen
und Plagen und um gesunde Luft gefleht, Johann
Sebastian Bach aber, der an der Orgel saß, gedachte zugleich der sorgenden Hausfrau daheim und
seiner sieben Kinder, vier Söhne und drei Töchter,
von denen er zwar versichern konnte, daß sie al-
lesamt geborene *Musici* seien, die aber doch alle
noch ganz auf seiner Tasche lagen, einschließlich
Wilhelm Friedemanns, des ältesten Sohnes, der
damals noch die Rechte studierte.

Es war im selben Jahre, als Bach die Matthäuspassion schrieb, daß er zu seinem Freunde Erdmann, der in Rußland ein auskömmliches Dasein
hatte, seufzend bekannte: «Ist aber eine gesunde
Luft, so fallen auch die accidentia, wie denn voriges Jahr an ordinären Leichenaccidentia über 100
Taler Einbuße gehabt.»

Kurt Ihlenfeld

Anno 1729 brach ein schwerer Konflikt zwischen
Bach und dem Rate aus. Zu Ostern dieses Jahres
waren Schüler in das Alumnat aufgenommen worden, die der Meister bei der Prüfung als vollständig unmusikalisch befunden hatte; unter denen,
die er als vorzüglich tauglich erklärt hatte, waren
etliche zurückgewiesen worden; einige der Bewerber scheinen ihm überhaupt nicht zur Prüfung
vorgestellt worden zu sein.

In demselben Jahre trat Bach die Direktion des
Telemannschen Vereins an. Dadurch war nun wieder der alte, gute, vom Rate selber längst ge-
wünschte Zustand geschaffen, daß die Studenten
dem Thomaskantor für seine Kirchenaufführun-
gen Gefolgschaft leisteten. Nur hätten die Herren
vom Magistrat das Ihrige tun und dem Kantor die
alten Stipendien für die im Chor und Orchester
regelmäßig beschäftigten Studenten wieder zur
Verfügung stellen müssen. Sie unterließen es. Von
einer Wiederbesetzung der überzähligen Alum-
natsstellen war ebenfalls keine Rede.

Natürlich war nun an eine gute Kirchenmusik
für das Jahr 1730 nicht zu denken. Der schlechte
Zustand des Chors muß sich wohl schon 1729, bei
der Erstaufführung der Matthäuspassion bemerkbar gemacht haben; bei den Festmusiken für die

zweihundertste Wiederkehr der Überreichung der Augsburgischen Konfession, am 25., 26. und 27. Juni 1730, scheint er vollends offenbar geworden zu sein.

Der Rat schob die Schuld Bach zu; dieser dem Rate. Als man im Sommer 1730 zur Wahl eines neuen Rektors – Ernesti war am 16. Okt. 1729 gestorben – schritt, äußerte einer der Ratsherren während der Sitzung den Wunsch, man möge mit dieser Wahl besser fahren als mit der des Kantors. Allgemein war der Vorwurf, daß Bach sich nicht genug um die Singstunden und den Chor kümmere.

Etwas Wahres mag daran gewesen sein. Bach hatte eben den Mut verloren. Dazu kam, daß er kein Organisator war. Unternahm er etwas, so tat er es mit dem Ungestüm des Genies. Ließ sich seine Umgebung von seiner Begeisterung nicht fortreißen, so war er machtlos.

Die Mittel, durch die ein langsamer, methodischer Geist mit der Zeit etwas erreicht hätte, waren ihm unbekannt.

Nicht einmal Disziplin wußte er zu halten. Er besaß nur die Autorität des Genies und des Menschen, der einem Ideal nachjagt. Diese verfing aber bei den Schülern nicht. Über Schulmeisterautorität, um sie zu bändigen, verfügte er nicht. Der leidenschaftliche Zorn, zu dem er sich hin und wieder fortreißen ließ, erschwerte ihm die Disziplin vollends. So riß Unordnung im Chore ein. Mehr als einmal mußte er, um sich Gehorsam zu verschaffen, die Hilfe des Rektors in Anspruch nehmen. Ernesti stand sehr gut mit ihm und wird ihn unterstützt haben, so gut er es bei seiner Schwäche vermochte; aber sein zweiter Nachfolger, ebenfalls Ernesti genannt, ließ ihn zuletzt vollständig im Stich.

Auch anderes wurde in der Ratssitzung vom 2. August 1730, wo der Groll gegen den Kantor zum Ausbruch kam, zur Sprache gebracht. Magister Pezold, der ihn im lateinischen Unterricht vertrat, hatte sein Amt schlecht verwaltet. Bach hatte ohne Vorwissen des Rats einen Chor Schüler – wahrscheinlich um bei einer Festlichkeit mit Musik aufzuwarten – aufs Land geschickt; er selber war verreist, ohne Urlaub zu nehmen. «Nicht allein tue der Kantor nichts, sondern wolle sich auch diesfalls nicht erklären ... es müsse doch einmal brechen», äußerte einer der Räte. Ein anderer, Herr Syndikus Job, konstatierte, daß der Kantor «inkorrigibel» sei.

Eigentlich aber waren sie gar nicht so sehr über die Versäumnisse und Fehler aufgebracht, die in seiner Amtsführung zutage getreten waren, als darüber, daß ihm die Autorität des Rates so wenig zu imponieren schien. Er war eben kein Kantor, sondern der fürstlich Köthensche und Weißenfelsische Herr Hofkapellmeister, der beim Leipziger

Rat Dienste genommen hatte und aus seiner subalternen Stellung etwas anderes machen wollte, als sie war. Die Gleichgültigkeit, die er in großen und kleinen Angelegenheiten den Ratsherren gegenüber zur Schau trug, reizte diese, den Stolz des Mannes zu brechen, der die mit seiner Stellung gegebenen selbstverständlichen Rücksichten allzu oft und manchmal auch ganz ohne jeden Grund ignorierte.

Bach seinerseits war in seinem Rechte, wenn er die Vorwürfe, als wäre er an dem schlechten Zustande der Kirchenmusik schuld, auf das energischste zurückwies.

Albert Schweitzer

KÜRTZER, JEDOCH HÖCHSTNÖTHIGER
ENTWURFF EINER WOHLBESTALLTEN
KIRCHEN MUSIC;
*nebst einigem unvorgreifflichen Bedencken
von dem Verfall derselben.*

Zu einer wohlbestellten Kirchen Music gehören Vocalisten und Instrumentisten.

Die Vocalisten werden hiesiges Ohrts von denen Thomas Schülern formiret, und zwar von vier Sorten, als Discantisten, Altisten, Tenoristen, und Bassisten.

So nun die Chöre derer Kirchen Stücken recht, wie es sich gebühret, bestellt werden sollen, müßen die Vocalisten wiederum in 2erley Sorten eingetheilet werden, als: Concertisten und Ripienisten.

Derer Concertisten sind ordinaire 4; auch wohl 5, 6, 7 biß 8; so mann nemlich per Choros musiciren will.

Derer Ripienisten müßen wenigsten auch achte seyn, nemlich zu jeder Stimme zwey.

Die Instrumentisten werden auch in verschiedene Arthen eingetheilet, als: Violisten, Oboisten, Flötenisten, Trompetter und Paucker. NB. Zu denen Violisten gehören auch die, so die Violen, Violoncelli und Violons spielen.

Die Anzahl derer Alumnorum Thomanae Scholae ist 55. Diese 55 werden eingetheilet in 4 Chöre, nach denen 4 Kirchen, worinne sie theils musiciren, theils motetten und theils Chorale singen müßen. In denen 3 Kirchen, als zu S. Thomä, S. Nicolai und der Neuen Kirche müßen die Schüler alle musicalisch seyn. In die Peters-Kirche kömmt der Ausschuß, nemlich die, so keine Music verstehen, sondern nur nothdörfftig einen Choral singen können.

Zu jedweden musicalischen Chor gehören wenigstens 3 Sopranisten, 3 Altisten, 3 Tenoristen und eben so viel Bassisten, damit, so etwa einer unpaß wird (wie denn sehr offte geschieht, und

besonders bey itziger Jahres Zeit, da die recepte,
so von dem Schul Medico in die Apothecke ver-
schrieben werden, es ausweisen müßen) wenigstens eine 2 Chörigte Motette gesungen werden
kan. (NB. Wie wohle es noch beßer, wenn der
Coetus so beschaffen wäre, daß mann zu jeder
Stimme 4 subjecta nehmen, und also jeden Chor
mit 16 Persohnen bestellen könte.)

Machet demnach der numerus, so Musicam verstehen müßen, 36 Persohnen aus.

Die Instrumental Music bestehet aus folgenden
Stimmen; als:

2 auch wohl 3 zur	Violino 1.
2 biß 3 zur	Violino 2.
2 zur	Viola 1.
2 zur	Viola 2.
2 zum	Violoncello.
1 zum	Violon.
2 auch wohl nach Beschaffenheit 3 zu denen	Obois.
1 auch 2 zum	Basson.
3 zu denen	Trompetten.
1 zu denen	Paucken.

summa 18 Persohnen wenigstens zur Instrumental-
Music.

NB. Füget sichs, daß das Kirchen Stück auch
mit Flöten, (sie seynd nun à bec oder Traversieri

[Block- oder Querflöten]), componiret ist (wie denn sehr offt zur Abwechselung geschiehet) sind wenigstens auch 2 Persohnen darzu nöthig. Thun zusammen 20 Instrumentisten. Der Numerus derer zur Kirchen Music bestellten Persohnen bestehet aus 8 Persohnen, als 4 Stadt Pfeifern, 3 Kunst Geigern und einem Gesellen. Von deren qualitäten und musicalischen Wißenschafften aber etwas nach der Wahrheit zu erwehnen, verbietet mir die Bescheidenheit. Jedoch ist zu consideriren, daß Sie theils emeriti, theils auch in keinem solchen exercitio sind, wie es wohl sein solte.

Der Plan davon ist dieser:

Herr [Gottfried] Reiche	zur 1	Trompette.
Herr [Johann Cornelius] Genßmar	2	Trompette.
vacat . . .	3	Trompette.
vacat . . .		Paucken.
Herr [Christian] Rother	. . . 1	Violine.
Herr [Heinrich Christian] Bayer	2	Violine.
vacat . . .		Viola.
vacat . . .		Violoncello.
vacat . . .		Violon.
Herr [Johann Caspar] Gleditsch	1	Obois.
Herr [Johann Gottfried] Kornagel	2	Obois.
vacat . . .	3	Obois.
		oder Taille.
Der Geselle	. . .	Basson.

Und also fehlen folgende höchstnöthige subjecta
theils zur Verstärckung, theils zu ohnentbehrli-
chen Stimmen, nemlich:

2 Violisten zur 1 Violin.
2 Violisten zur 2 Violin.
2 so die Viola spielen.
2 Violoncellisten.
1 Violonist.
2 zu denen Flöten.

Dieser sich zeigende Mangel hat bißhero zum
Theil von denen Studiosis, meistens aber von denen Alumnis müßen ersetzet werden. Die Herren
Studiosi haben sich auch darzu willig finden laßen,
in Hoffnung, daß ein oder anderer mit der Zeit
einige Ergötzligkeit bekommen, und etwa mit einem stipendio oder honorario (wie vor diesem gewöhnlich gewesen) würde begnadiget werden. Da
nun aber solches nicht geschehen, sondern die et-
wanigen wenigen beneficia, so ehedem an den
Chorum musicum verwendet worden, successive
gar entzogen worden, so hat hiemit sich auch die
Willfährigkeit der Studiosorum verlohren; denn
wer wird umsonst arbeiten, oder Dienste thun?
  Fernerhin zu gedencken, daß, da die 2de Violin
meistens, die Viola, Violoncello und Violon aber
allezeit (in Ermangelung tüchtigerer subjectorum)
mit Schülern haben bestellen müßen: So ist leicht

zu erachten, was dadurch dem Vocal Chore ist entgangen. Dieses ist nur von Sontäglichen Musiquen berühret worden. Soll ich aber die Fest-Tages Musiquen, (als an welchen in denen beeden Haupt Kirchen die Music zugleich besorgen muß) erwehnen, so wird erstlich der Mangel derer benöthigten subjecten noch deutlicher in die Augen fallen, sindemahlen so dann ins andere Chor diejenigen Schüler, so noch ein und andres Instrument spielen, vollends abgeben, und mich völlig dern beyhülffe begeben muß.

Hiernechst kan nicht unberühret bleiben, daß durch bißherige reception so vieler untüchtigen und zur Music sich garnicht schickenden Knaben, die Music nothwendig sich hat vergeringern und ins abnehmen gerathen müßen. Denn es gar wohl zu begreiffen, daß ein Knabe, so gar nichts von der Music weiß, ja nicht ein mahl eine secundam im Halse formiren kan, auch kein musicalisch naturel haben könne; consequenter niemahln zur Music zu gebrauchen sey.

Und die jenigen, so zwar einige principia mit auf die Schule bringen, doch nicht so gleich, als es wohl erfordert wird, zu gebrauchen seyn. Denn da es keine Zeit leiden will, solche erstlich jährlich zu informiren, biß sie geschickt sind zum Gebrauch, sondern so bald sie zur reception gelangen, werden sie mit in die Chöre vertheilet, und müßen wenigstens tact und tonfeste seyn um beym Gottesdienste gebraucht werden zu können. Wenn nun alljährlich einige von denen, so in musicis was gethan haben, von der Schule ziehen, und deren Stellen mit andern ersetzet werden, so einestheils noch nicht zu gebrauchen sind, mehrentheils aber gar nichts können, so ist leicht zu schließen, daß der Chorus musicus sich vergeringern müßte.

Es ist ja notorisch, daß meine Herrn Präantecessores [Vorgänger], Schell und Kuhnau, sich schon der Beyhülffe derer Herrn Studiosorum bedienen müßen, wenn sie eine vollständige und wohllautende Music haben produciren wollen; welches sie dann auch in so weit haben prästiren können da so wohl einige Vocalisten, als: Bassist, und Tenorist, ja auch Altist, als auch Instrumentisten, besonders 2 Violisten von Einem HochEdlen und Hochweisen Rath a parte sind mit stipendiis begnadiget, mithin zur Verstärkung derer Kirchen Musiquen animiret worden.

Da nun aber der itzige status musices gantz anders weder ehedem beschaffen, die Kunst um sehr viel gestiegen, der gusto sich verwunderenswürdig geändert, dahero auch die ehemahlige Arth von Music unseren Ohren nicht mehr klingen will, und mann um so mehr einer erklecklichen Beyhülffe benöthiget ist, damit solche subjecta choisiret und bestellet werden können, so den itzigen musicalischen gustum assequiren, die neuen Arthen der Music bestreiten, mithin im Stande seyn können, dem Compositori und dessen Arbeit satisfaction zu geben, hat man die wenigen beneficia, so ehe hätten sollen vermehret als verringert werden, dem Choro Musica gar entzogen.

Es ist ohne dem etwas Wunderliches, da man von denen teutschen Musicis praetendiret, Sie sollen capable seyn, allerhand Arthen von Music, sie komme nun aus Italien oder Frankreich, Engeland oder Pohlen, so fort ex tempore zu musiciren, wie es etwa die jenigen Virtuosen, vor die es gesetzet ist, und welche es lange vorher studiret ja fast auswendig können, überdem auch quod notandum in schweren Solde stehen, deren Müh und Fleiß mithin reichlich belohnet wird, praestiren können; man solches doch nicht consideriren will, sondern läßet Sie ihrer eigenen Sorge über, da denn mancher vor Sorgen der Nahrung nicht dahin dencken kan, um sich zu perfectioniren, noch weniger zu distinguiren.

Mit einem exempel diesen Satz zu erweisen, darff man nur nach Dreßden gehen, und sehen, wie daselbst von Königlicher Majestät die Musici salariret werden; Es kan nicht fehlen, da denen Musicis die Sorge der Nahrung benommen wird, der chagrin nachbleibet, auch überdem jede Persohn nur ein eintziges Instrument zu exoliren hat, es muß was trefliches und excellentes zu hören seyn. Der Schluß ist demnach leicht zu finden, daß bey cessirenden beneficiis mir die Kräffte benommen werden, die Music in beßeren Stand zu setzen ...

Leipzig, d. 23. Aug. 1730.

Joh: Seb: Bach.
Director Musices.

MASSREGELN GEGEN EIN
WIDERSPENSTIGES GENIE

Die Sprache des Memorials ist die einer Anklageschrift. Unterzeichnet ist es: Joh. Seb. Bach; Director Musices, ohne jegliche Ergebenheitsformel. Das lautete anders als die Eingaben, die der Rat von seinen Kantoren gewöhnt war. Bachs Vorgänger unterschrieb sich bei solchen Gelegenheiten: Ew. Magnif. Hochedlen und Hochweisen Herren untertänigster und gehorsamster Johann Kuhnau, Kantor an der Schule zu St. Thomä.

Als Bach sich derart vor dem Rate verantwortete, hatte dieser seine Maßnahmen gegen ihn schon ergriffen. Zuerst hatte man ihn in eine untere Schulklasse versetzen wollen, wo er statt des Lateins Elementarunterricht zu geben gehabt hätte, den er nun hätte selbst erteilen müssen; nachher besann man sich aber und bestellte von Rats wegen einen tüchtigen Vertreter für die Lateinstunden, den Bach natürlich nach wie vor bezahlen mußte. Hingegen wurde beschlossen, ihm soweit tunlich die Besoldung zu verkürzen. Vom Gehalt und von den ihm zustehenden Kasualien konnte man ihm natürlich nichts nehmen. Aber es gab Legate und Stiftungen, die der Rat unter die Lehrer nach Gutdünken zu verteilen hatte. Bei diesen sollte er in Zukunft leer ausgehen, nachdem er schon bisher immer spärlicher dabei bedacht worden war. Im Jahre 1730 waren an die zweihundertsiebzig Taler derartiger Gelder zu verteilen; der Konrektor bekam hundertunddreißig Taler, der dritte Lehrer hundert, Bach nichts.

In welcher Verbitterung sich der Meister befand, ersieht man aus einem Brief, den er am 28. Oktober jenes Jahres an seinen ehemaligen Mitschüler zu Lüneburg, [Georg] Erdmann [in Danzig], richtete, um ihn zu bitten, ihm beim Suchen nach einer neuen Stellung behilflich zu sein.

Albert Schweitzer

Hochwohlgebohrner Herr.

Euer Hochwohlgebohren werden einem alten treuen Diener bestens excusiren, daß er sich die

Freiheit nimmet Ihnen mit diesen zu incommodi-
ren. Es werden nunmehr fast 4 Jahre verfloßen
seyn, da Euer Hochwohlgeb. auf mein an Ihnen
abgelaßenes mit einer gütigen Antwort mich be-
glückten; wenn mich dann entsinne, daß Ihnen
wegen meiner Fatalitäten einige Nachricht zu geben, hochgeneigt verlanget wurde, als soll solches
hiermit gehorsamst erstattet werden.

Von Jugend auf sind Ihnen meine Fata bestens
bewust, biß auf die mutation, so mich als Capellmeister nach Cöthen zohe. Daselbst hatte einen
gnädigen und Music so wohl liebenden als ken-
nenden Fürsten, bey welchem auch vermeinete
meine Lebenszeit zu beschließen. Es mußte sich
aber fügen, daß erwehnter Serenissimus sich mit
einer Berenburgischen Prinzeßin vermählte, da es
denn das Ansinnen gewinnen wolte, als ob die
musicalische Inclination bey gesagtem Fürsten in
etwas laulicht werden wolte, zumahle da die neue
Fürstin schiene eine amusa zu seyn: so fügte es
Gott, daß zu hiesigem Directore Musices und
Cantore an der Thomas Schule vociret wurde.

Ob es mir nun zwar anfänglich gar nicht an-
ständig seyn wolte, aus einem Capellmeister ein
Cantor zu werden. Weßweg auch meine resolution auf ein vierthel Jahr trainirete, jedoch wurde
mir diese Station dermaßen favorable beschrieben,
daß endlich /: zumahle da meine Söhne denen studiis zu incliniren schienen :/ es in des Höchsten

Nahmen wagete und mich nacher Leipzig begabe, meine Probe ablegete, und so dann die mutation vornahme. Hirselbst bin nun nach Gottes Willen annoch beständig. Da aber nun 1) finde, daß dieser Dienst bey weiten nicht so erklecklich, als man mir ihn beschrieben, 2) viele Accidentia dieser Station entgangen, 3) ein sehr theurer Orth u. 4) eine wunderliche und der Music wenig ergebene Obrigkeit ist, mithin fast in stetem Verdruß, Neid und Verfolgung leben muß, als werde genöthiget werden, mit des Höchsten Beystand meine Fortun anderweitig zu suchen.

Solten Euer Hochwohlgeb. vor einen alten treuen Diener dasiges Orthes eine convenable station wißen oder finden, so ersuche gantz gehorsamst vor mich eine hochgeneigte Recommendation einzulegen: an mir soll es nicht manquiren, daß dem hochgeneigten Vorspruch und interceßion einige satisfaction zu geben, mich bestens befließen seyn werde. Meine itzige station belaufet sich etwa auf 700 Gr. [Thaler], und wenn es etwas mehrere, als ordinairement, Leichen gibt, so steigen auch nach proportion die accidentia; ist aber eine gesunde Lufft, so fallen hingegen auch solche, wie denn voriges Jahr an ordinairen Leichen accidentia über 100 Gr. Einbuße gehabt. In Thüring kann ich mit 400 Gr. weiter kommen als hiesiges Orthes mit noch einmahl so vielen hunderten, weg der excessiven kostbahren Lebensarth. Nunmehro

64

muß doch auch mit noch wenigen von meinem häußlichen Zustande etwas erwehnen.

Ich bin zum 2ten Mahl verheurathet und ist meine erstere Frau seel. in Cöthen gestorben. Aus ersterer Ehe sind am Leben 3 Söhne u. eine Tochter, wie solche Euer Hochwohlgeb. annoch in Weimar gesehen zu haben, sich hochgeneigt erinnern werden. Aus 2ter Ehe sind am Leben 1 Sohn und 2 Töchter. Mein ältester Sohn ist ein studiosus Juris, die andern beyde frequentiren noch einer primam und der andere secundam classem, u. die älteste Tochter ist auch noch unverheurathet. Die Kinder anderer Ehe sind noch klein, und der Knabe erstgeb. 6 Jahr alt. Insgesamt aber sind sie gebohrne Musici u. kan versichern, daß schon ein Concert vocaliter u. instrumentaliter mit meiner Familie formiren kan, zumahle da meine itzige Frau gar einen saubern Soprano singet, und auch meine älteste Tochter nicht schlimm einschläget.

Ich überschreite fast daß Maaß der Höfligkeit wenn Euer Hochwohlgebohren mit mehrern incommodire, deroweg. eile zum Schluß mit allen ergebensten respect zeit Lebens verharrend

Euer Hochwohlgeb.

gantz gehorsamst ergebenster Diener

Joh: Sebast: Bach.

Leipzig, d. 28. Octobr. 1730.

Für einen Brief an den alten Kameraden, mit dem er einst nach Lüneburg gewandert, ist das Schreiben nach unsern Begriffen zu untertänig gehalten. Vielleicht daß Freundschaft überhaupt nicht mehr zwischen ihnen bestand – Erdmann war 1725 in Sachsen gewesen, ohne Bach zu besuchen –, so daß der Meister wirklich nur an den hohen Herrn schrieb, den er um gütige Protektion bat. Das mag ihm dann sauer genug angekommen sein.

Glücklicherweise war seine Lage nicht so schlimm, wie er sie sich vorstellte. Der neue Rektor Johann Mathias Gesner kannte ihn. Er war Konrektor des Weimarer Gymnasiums gewesen, noch zur Zeit, da Bach am dortigen Hofe angestellt war. Überdies hatte er ein warmes Interesse für Musik. Da er ein tüchtiger Lehrer und ausgezeichneter Organisator war, gelang es ihm in Kürze, einigermaßen geordnete Zustände in der Schule zu schaffen. Der Rat schätzte ihn außerordentlich und verzichtete auf seine gegen Bach unternommenen Maßregeln, als der Rektor sich für ihn verwandte. Anno 1732 wurde Bach wieder bei der Verteilung der Gelder bedacht.

Albert Schweitzer

«WOLLT IHR AUCH EIN BIERFIEDLER WERDEN?»

Anno 1734 war Gesner als Professor nach Göttingen berufen worden. Der Rat war selber schuld daran, daß ihm diese tüchtige Kraft sobald entging; hatte er ihm doch nicht gestatten wollen, neben seinem Rektorat eine Professur an der Leipziger Universität anzunehmen, wie es noch seinem letzten Vorgänger erlaubt worden war.

An seiner Stelle wurde Ernesti, der derzeitige Konrektor, gewählt. Er suchte die Reformen Gesners weiter durchzuführen, ohne jedoch die vornehme Humanität seines Vorgängers zu besitzen. Anfangs standen er und Bach ausgezeichnet miteinander. Der Rektor vertrat zweimal Patenstelle an Kindern des Kantors.

Im Jahre 1736 aber verhängte Ernesti die Entlassung und noch dazu die entehrende Strafe öffentlicher Züchtigung über den ersten Chorpräfekten Gottlieb Theodor Krause, weil dieser einige Choristen, die sich bei einer Brautmesse ungebührlich aufgeführt hatten, im Zorne mißhandelt hatte. Bach trat für seinen Präfekten ein und wollte die ganze Verantwortung auf sich nehmen. Umsonst.

Um der Strafe zu entgehen, entwich Krause, der bald zur Universität entlassen werden sollte, aus der Schule. An seine Stelle rückte ein anderer Krause, Johann Gottlob mit Vornamen, der bisherige zweite Präfekt, auf. Bach schätzte ihn nicht besonders hoch. Als es sich ein Jahr vorher darum gehandelt hatte, ihn zum Präfekten zu kreieren, hatte er zum Rektor geäußert, Krause sei «sonst ein liederlicher Hund» gewesen. Aber da er gerade bei guter Laune war – er und Ernesti verhandelten die Sache auf der Rückfahrt von einem guten Hochzeitsessen –, erklärte er sich mit der Ernennung Krauses einverstanden und hatte auch nichts dagegen, als er zum dritten und zweiten Präfekten aufrückte. Auch als ersten Präfekten ließ er sich ihn vorerst gefallen, obwohl er dem Rektor wegen seines strengen Vorgehens gegen den andern Krause grollte. Nach einigen Wochen jedoch versetzte er ihn in die zweite Präfektur und promovierte den dritten an die erste Stelle. – Er zeigte es dem Rektor an, und dieser fand nichts einzuwenden.

Als Krause sich bei Ernesti beschwerte, wies ihn dieser an Bach, der sich vor dem Schüler zu der Äußerung hinreißen ließ, er habe ihn in die zweite Präfektur zurückversetzt, weil ihn der Rektor seinerzeit eigenmächtig zum ersten befördert habe und er ihm nun zeigen wolle, wer Herr im Hause sei. Krause überbrachte es alsbald dem Rektor; als dieser Bach um Aufklärung bat, wiederholte er es ihm ins Gesicht. Damit hatte er nun unklugerweise für eine an sich ganz unbedeutende Angelegenheit die Frage nach dem Ernennungsrecht der Präfekten aufgerollt, über die aus den Schulgesetzen keine Klarheit zu gewinnen war.

Der Rektor verlangte kategorisch die Wiedereinsetzung Krauses in die erste Präfektur. Bach scheint vorerst, seine sinnlose Heftigkeit bereuend, nachgegeben zu haben. Aber an einem der folgenden Sonntage, als Krause sich anschickte, die Motette zu dirigieren, jagte er ihn mitten im Gesang davon. Für den Vespergottesdienst erschien der Präfekt auf des Rektors Befehl wieder an seinem Platze; zugleich hatte dieser den Alumnen untersagt, einem etwa von Bach bestellten Präfekten zu gehorchen. Bach verjagte Krause aufs neue. Am folgenden Sonntag, den 19. August, wiederholten sich dieselben Auftritte. Die Schüler wußten nicht mehr, ob sie dem Rektor oder dem Kantor Folge zu leisten hätten. Den zweiten Präfekten, Küttler mit Namen, verwies Bach am Sonntagabend vom Schülertisch, weil er auf Ernesti und nicht auf ihn gehört hatte.

Der gekränkte Meister wandte sich an den Rat, nachdem er zuerst, aber vergebens, es mit der alten Taktik versucht hatte, sich hinter das Konsistorium zu verschanzen. Er stellte es diesmal nicht klug an, und das Konsistorium hütete sich, für ihn einzutreten. Die Ratsarchive haben uns die Memoriale aufbewahrt, in denen der Kantor und der Rektor widereinander fochten. Zwei Jahre schleppte sich die unglückselige Geschichte hin. In seinen Eingaben erscheint Bach leidenschaftlich, durch wilden Eifer blind gemacht. Ernesti bleibt besonnen und handelt als Herr der Situation, indem er, zu geschickt, um dabei immer ehrlich zu verfahren, die Blößen des Gegners ausnutzt. Auch an häßlichen Verleumdungen läßt er es nicht fehlen. Wie es während dieser Zeit um die Disziplin der Schülerchöre stand, ist nicht schwer zu ermessen.

Die kirchlichen Vorgesetzten Bachs, auch diejenigen, die es immer gut mit ihm gemeint hatten, waren ärgerlich über ihn und nahmen es ihm übel, daß er sie in die Sache hatte mit hineinziehen wollen. Selbst sein Gönner, Superintendent Deyling, war gegen ihn aufgebracht und ließ es ihn merken.

Der Rat vermied jedes energische Eingreifen. Krause sollte Ostern 1737 von der Schule kommen; dadurch würde der Streit gegenstandslos werden. Für Bach aber war die Angelegenheit hiermit keineswegs erledigt. Er wollte die Rechtsfrage zum Austrag bringen, ob der Rektor in Präfektenangelegenheiten überhaupt etwas dareinzureden hätte, und Ernesti zwingen, ihm öffentlich Abbitte zu tun, damit seine Autorität bei den Schülern wieder hergestellt würde.

Da er mittlerweile Hofkomponist geworden war, wandte er sich in einem Immediatgesuch an den König, der unverzüglich einen Bericht einforderte. Im Februar 1738 schwebte die Angelegenheit noch; zu Ostern kam der König mit der Königin nach Leipzig, und Bach führte zu Ehren des Herrscherpaares eine Abendmusik unter freiem Himmel auf. Sie ist verloren; aber wir erfahren aus zeitgenössischen Berichten, daß sie sehr gut gefiel. Es scheint, daß der König die Angelegenheit dann zu des Meisters Gunsten niederschlug, denn von jener Zeit an schweigen die Ratsakten darüber.

Damit hatte Bach aber nichts gewonnen. Ernesti blieb Rektor und wird ihm Schwierigkeiten bereitet haben, wo er nur konnte. Die anderen Lehrer schlugen sich auf seiten des Schulleiters.

Was sich hier zu St. Thomas ereignete, war typisch für das, was in den Schulen jener Zeit überhaupt vorging. Es war eine Epoche der Reorganisation des Schulwesens. Man fing an, die Studien um der Studien willen zu betreiben. Darum ging es nicht mehr an, der Musik so viel Platz und Zeit im Schulbetriebe einzuräumen. Sie wurde hinausgedrängt; die Chorinternate hatten sich überlebt, wie überhaupt die alten Schülerkirchenchöre. Eine neue Zeit brach an.

Es war ein Unglück, daß Bachs Kantorat in diese Übergangszeit fiel. Fortan schieden sich die Alumnen von St. Thomas in zwei Kategorien: solche, die studierten, und solche, die Musik trieben. Den ersteren war der Kantor, den andern der Rektor aufsässig. Ernesti wurde ein Feind der Musik. Wenn er einen Schüler traf, der auf einem Instrumente übte, fuhr er ihn an: «Wollt Ihr auch ein Bierfiedler werden?» Bach seinerseits haßte die Schüler, die sich rein auf die Wissenschaft verlegten und die Musik nur nebenbei betrieben.

Albert Schweitzer

DER THOMASKANTOR

Welche zentrale Bedeutung die «Sache Ernesti» für Bach, seine Stellung als Kantor, ja für die Musik und den Musikunterricht der Zeit überhaupt hatte, zeigt auch, daß dieses Aufeinanderprallen zweier Welten zum Mittelpunkt eines das «Gemüth-erfreund Spiels von deme Herren Cantori Sebastian Bachen» gemacht wurde. Arnold Schering hat darüber hinaus mit seinem «Thomaskantor» in buchstäblich spielerischer Weise die Atmosphäre im Hause Bach einzufangen verstanden und einen bei allem Respekt höchst menschlich-temperamentvollen «Heroen» gezeichnet.

Erster Aufzug.

Sebastian Bachs Kantorwohnung in der Thomas-schule. Größeres Familienzimmer mit zwei nach rechts hinausgehenden Fenstern. Solide bürgerliche Einrichtung: schwarze, lederbezogene Stühle mit hohen Lehnen, runder Familientisch nebst Sofa. An der Wand ein Kaffeebrett mit Messinggeschirr und Messingleuchtern. Rechts zwischen den Fenstern ist ein Geburtstagstisch hergerichtet. Links an der Wand ein geöffnetes Clavichord, darüber Ölporträts des Vaters Ambrosius und des Oheims Johann Christoph Bach, außerdem verschiedene Schattenrisse; nahe dabei hängen eine große Laute, eine kleine Laute, eine Violine. In der Ecke lehnt ein Violoncello. Es ist sonniger Vormittag.

1. Auftritt.

Wenn der Vorhang aufgeht, verklingen die letzten Passagen einer freien Fantasie, die *Philipp Emanuel*, nachdenklich versunken, am Clavichord beendet. Er ist 23 Jahre alt, in die malerische Tracht der Studenten der Zeit gekleidet, mit Degen; kühn, schlagfertig, mit kavaliermäßigen Umgangsformen, doch durchaus bescheiden. Gleich darauf *Anna Magdalena Bach,* seine Stiefmutter, eine späte Dreißigerin; etwas behäbig, hausmütterlich, von heiterer Gemütsart. Sie war während der letz-

ten Akkorde unbemerkt eingetreten und hatte ge-
lauscht.

Anna Magdalena. So sey mir nun willkommen,
mein lieber Sohn!

Philipp Emanuel. Dem lieben Gott zum Gruß,
Frau Mutter, da bin ich! Geradenwegs von Frank-
furth von der hohen Schul. Hielte mich's nicht
länger bey den Pandecten und Collegia derer Herren Professores. Als der 21ste Martii versprach
heranzukommen, da des geliebtesten Herren Vaters Gebuhrtstag sich zum 52sten Mahle jähret,
entlief ich ihnen. Meynend, daß sie nicht übel
würden vermercken, wenn ein ansonsten guter
Scholar sich die Freyheit nimbt, die Vacantzen ein
weniges früher anzutretten bey Ansehung eines
solchen Freudentags und *casus familiaris.*

Anna Magdal. Ey, das nenne ein fein Geschenk,
sich deme Herren Vater selbsten vorzustellen als
ein getreuer Sohn, und ohne dieß in so einem Stu-
denten-Auffzug. Gleich als ein rechter Cavalier
und Herr, biß auf die güldenen Schnall am Schuh,
daß die hiesigen Herren Studenten wol mögten
das Neyden kriegen. Was der Christel wird sagen,
der Junge, – bracht' ihn diese Stund zu Bett, –
wenn er den grossen Herren Bruder in Farb und
Feder ersehn wird.

Phil. Emanuel. So gedeyhet denn das jüngste
Brüderleyn gut und Ihr habt Freude an dem
kleynsten der Bachs?

Anna Magdal. Dem Allmächtigen sey gedanckt! Er hat uns sechs Kinder genommen und uns schwer geprüfet. Allein so scheynet nunmehro Sonnenscheyn in unser Hauß einkehren zu wollen. Christel ist ein muntres Bürschgen, deme zuweilen allbereit einfället, Friedel, den Fünff-Jährigen, zu necken, daß ihm's der Grosse doppelt zurükke gibt, und ein allgemeynes Geschrey anhebet. Alsdenn lauffen Ließgen und der blöde Heinrich herzu und nehmen Partey für und wider. Da ist mein' Macht umbsonst, den Frieden herzustellen. Hingegen wenn des Herren Vaters Stock mit Klopffen und Krachen an der Thür der Componir-Stube rüttelet, da wird es alsobald stille und die Schaar verziehet sich kleynlaut in ihre Winkel, wissend, daß der Herr Vater keinen Spaß versteht, so sich Disharmonia in der Familie reget.

Phil. Emanuel (lachend). Kenne das recht wol! War nicht anders, als meine seelige erste Frau Mutter annoch lebete, da denn wir, Friedemann, Bernhard und ich, mit denen Spiel-Gefährten die Stuben unsers Coethenischen Wohn-Platzes von unterst zu oberst kehreten. Gab alldann schon ein Zittern, wenn des Herren Vaters Stimme durch das Hauß dröhnete.

Anna Magdal. Glaub' es, mein Sohn. Allein brauchet anitzo der Herr Vater mehr Ruhe denn je. Er ist älter worden, und ich merck's, das Schreyben greifft sein Gehirne an. Zwar bin ich

nur ein einfältig Haußfrau und Weib, so ein biß-
gen singet und spielet, imgleichen, wenn's hoch
kömmt, einen rechten Contrapunct von einem un-
rechten weiß zu unterscheyden, das aber sonsten
nichts verstehet von der hohen *ars compositionis.*
Demohngeachtet gehet mir des lieben Gemahles
Kunst, wie solche sich in Jahren zeiget, immer
mehr auff wie ein Himmelslicht und Stern, auß
deme ein wunderlich Feuer strahlet und wärmet,
daß ich's nicht vermögte zu sagen.

Phil. Emanuel (ihre Hand ergreifend, warm).
Ihr fühlt es, Frau Mutter, Ihr fühlt es? Gott segne
Euch.

Anna Magdal. Gewißlich, Emanuel! Und wär's
nicht vermessen, ich wollt' sagen (flüsternd): er
wär der grösste unter den Musici auff Erden.

Phil. Emanuel (leise, aber bestimmt). Er ists,
unser Vater, glaubet mir, Frau Mutter.

Anna Magdal. (fortfahrend). Und daß der Vater
im Himmel mich erlesen hat, ihme als Ehgemahl
zur Seiten zu stehn und abzuwehren Räncke und
Hinterlist, daß seine Tage friedlich wären und sorgenlos, – das trag ich, wär's gleichfalls nicht vermessen zu sagen, wie einen Stoltz und Adel in der
Brust, wollt' gleich alle Welt mir's rauben.

Phil. Emanuel (feurig). Wie Ihr mein Hertz tieff
beweget! Sehe eine Krone auff Eurem Haupte,
Frau Mutter, und ein lichter Scheyn gehet davon
aus, der diesem Hause zum Seegen gereichet, –

ich fühl es, da ich, wiewol noch ein Jüngling und ohn Erfahrung, heute aus der Fremde heimkehrete in dieses Hauß. Es umwehete mich seltsam, als ich es betrat in der Stille des kühlen Märtz-Morgens.

Anna Magdal. Du getreuer Sohn! Allein, will mich bedüncken, die Welt erkennet nichts von deme, was hie vorgehet. Ihre Ohren scheynen taub und ihre Hertzen dumpf, daß sie nicht die Sprache verstehet, so der Herr Gott durch den Mund seines Cantoris redet. Auch sind der Neyder und Heuchler viel, die ein Geschäfft machen, Haß und Zwietracht zu stifften. Kommen gleich als ein Dieb in der Nacht und fallen her über den Friedfertigen, da er sich's nicht versiehet.

Phil. Emanuel (schnell). So hat wol der hochweise Rath der Stadt Leipzig deme Herren Vater ein Neues zusetzen wollen?

Anna Magdal. Nicht der wollöbliche Rath.

Phil. Emanuel. Ey nun vielleicht der Görner, dem es als Directori drüben in *templo Paulino* allzu wol ergehet?

Anna Magdal. Auch der nicht, ob er gleich deme Herren Vater die Zähne weiset, wo er kann.

Phil. Emanuel (erregt). Wollte schon das Subjectum sehen, so des Herren Vaters Ruff zu trüben waget. Hab' meine Klinge jüngst nicht ohngeschickt geführt, daß, sollt's seyn, ihr auch anderweit gern zu einem Tantze verhülfe.

Anna Magdal. Nicht so laut, Emanuel, die Steine haben Ohren. (Leise.) Der Rector unserer Schul –

Phil. Emanuel. Was höre? Der Pedant Ernesti?

Anna Magdal. Still, still, ja wol! Der Herr Ernesti ließe sich gefallen, die gute Eintracht, so die Jahre geknüpffet, in's Wancken zu bringen. Seit er an Christel's Wiegen Pathe stund (– haben allbekannt den Jungen nach ihme mit Zu-Nahmen Johann genennet –), hat sich sein Ungunst auff uns gewendet, daß er deß öffteren sein Einspruch und Rede hefftig wider uns erhoben. Gott weiß, wir gaben nicht die Ursach.

Phil. Emanuel. Ein Freund der edlen Musica war er niemahlen. Hatte drumb schon in *prima classi* schweren Stand und kriegte offtmahls seinen sauren Witz zu kosten. Allein was hat's mit ihm?

Anna Magdal. Wirst es inskünfftig erfahren. Mir scheynt, es ziehe ein Unwetter herauf über unserm Hause, ob der Herr Vater gleich lachet und meinet, ich sey ein furchtsam Frauenzimmer. (Horchend.) Da hörest ihn, – er kömmt vom Spatziergang heim. Laß Dir nichts mercken, lieber Sohn, auff daß dieser Tag so ungetrübt dahin gehe als er angefangen. Schon am frühen Morgen gab's eine Gebuhrtstags-Serenata. Die lieben Thomaner sangen. Hättest sehen mögen, wie tieff es ihn bewegete, da sie seinen Satz anstimmeten: «Dir, dir, Jehova, will ich singen».

Phil. Emanuel. Glaub's wol. Hänget sein gant-
zes Hertze an den jungen Sängern. – Vor itzo aber,
verehrteste Frau Mutter, nehmet meine Hand: ste-
he als getreuer Sohn mit Euch, daferne es gilt, des
Herren Vaters Ehre und Stand zu beschüzen wider
die Philisterer, und wisset, daß auch Friedemann,
ob er gleich ferne weilet, unserm Bunde zu gehöret. Seyd indessen getrost und lasset Euch nichts
anfechten.

(*Anna Magdalena* drückt ihm schweigend die
Hand und will, da der Kaffeetisch fertig hergerichtet ist, hinausgehn.)

4. Auftritt.

Die Vorigen. Der Thomasrektor Ernesti; 30 Jahre
alt, steif und würdevoll.

Phil. Emanuel (stutzend). Der Herr Rector Ernesti!

Sebastian (ihm entgegen). Einen freundlichen
Willkomm, Herr Pathe, in meiner schlichten Stuben, so seit langem nicht die Ehre gehabt, Euch zu
beherbergen, ob wir gleich Haus-Genossen sind in
dieser unsrer lieben Schul St. Thomae.

Ernesti (Sebastians Entgegenkommen schlecht
erwidernd, förmlich). Deme Herren Cantori ent-
biethet die Schul und zuvörderst die Schaar derer
Herren Collegen durch mich, bestallten *Rectorem
scholae Thomanae,* wie anhero ehrerbietigen Gruß
in Ansehung seines anitzo sich auffs neue jähren-

den, frohen Gebuhrts-Festes, die Hoffnung he-
gend, daß Gott, der Schöpffer alles Guten, ihme
auch hinfüro seinen Seegen nicht vorenthalte, alles
Unheil oder Kranckheit abwende, und ihn stärcke
vor das Ambt, so ihme durch Gottes und der
hochweisen Obrigkeit Rathschluß zugefallen und
zu bestellen angetragen.

Sebastian. Dieß Anzeichen erneuter affection
vor meine Person erhellet mein Hertz und rühret
es zu Dancke, um desto mehr, als der liebwerthe
Herr Pathe unseres Jüngsten selber den Überbrin-
ger machet.

Ernesti (unbewegt). Die Convention erheischet
es so. – Ist das Euer Sohn?

Sebastian. Der Philipp Emanuel! Studiosus,
wenn's genehm ist, zur Stunde auf Vacantz daheim.

Ernesti. So, so, der Philipp Emanuel! Ey nun,
wie schmecken denn Humaniora?

Phil. Emanuel. Mit schuldigem Respect zu er-
widern: fürtrefflich, Herr Rector.

Ernesti. Und die Progressen in *stilo classico lati-*
no? Bedenck' ich recht, so war es seine force nicht
allhie, da Er noch mein Discipul hieße.

Phil. Emanuel (schlagfertig). Den Cicero trac-
tirte seither offtmahlen mit Vergnügen und muß
gestehn, daß des Herren Rectoris scharfsinnige
Editio derer Orationes mir erst neulich ein Licht
angezündet haben.

Ernesti (geschmeichelt). So treibet Er Cicero-
nem ungeschwächet *more Ernestino*? Die Nachricht höre nicht ungerne.

Phil. Emanuel (schnell). Imgleichen Tacitus, Te-
renz und Plautus!

Ernesti. Schön, schön, das lob ich! Scheynet Er
sonach Einsicht erlanget, daß in *studio philologico*
das eintzig wahre *fundamentum eruditionis* zu
erblikken, darinnen gleichsam das Alpha und
Omega der auffgeklärten Bildung itziger Zeiten
ruhet. Als hat *disciplina mea* wieder einmahlen
Gutes bewürcket und – *Deo gratias!* – ihme
Allotria oder eittle Gedancken kräfftig außge-
trieben.

Sebastian. Wie meynet solches, Herr Pathe?

Ernesti. Ey, waren der Herr Studiosus nicht
ehemahlen eiffriger über andern Dingen als über
denen Büchern, so ihme vorgeschrieben? Und be-
dekkete er nicht die Diaria oder Tag-Heffte, da sie
weise und lehrhaffte Sprüche enthalten sollten, mit
vielerley krausen Zeichen, schwartzen Köpffen
und Schwäntzgen, daß es schandbar zu sehn? Ge-
both aber der Informator Silentium, alsdenn finge-
rirte der *discipul* annoch auffs lebhaffteste auff der
Schul-Banck her und hin, gleich als ein Krancker,
den ein Zitteren befället.

Phil. Emanuel (lächelnd). Anitzo gereuen mich
diese Sünden, ob das Fingeriren gleich noch immer
zu denen Passiones zehle, die nicht lassen kann.

Sebastian. Der Apffel fället nicht weit vom Bau-me, wie das Sprüch-Wort besaget; als hat auch Emanuel Inclination, die Musicam zu Amt und Profession zu erwehlen.

Ernesti (unangenehm überrascht). Ist denn nicht schon der Friedemann zur Notten-Kunst übergeschwencket?

Sebastian. Seit fünf Jahren, wie sich der Herr Pathe erinnern, wolgeachteter Organist an St. So-phien zu Dreßden und gern gesehn in den Circuln derer Herren Adeligen dasiger Residentz.

Ernesti. Hörte ehedem davon. (Mit schlecht verstellter Ironie.) Als werde demenach den itzi-gen Herren Studiosum inskünfftig als einen soge-nannten Cantorem wiederfinden, wünschend, daß ihme der Baculus, so er mit dirigiret, nicht mit den Zeiten über den Kopff wächset, und die Singe-knaben bey dem lirum larum der Messen und Mo-tetten nicht vergessen, weme sie Respect und Ach-tung schuldig sind.

Sebastian (hat sich bei den letzten Worten auf-gerichtet). Der Herr Pathe kamen, so er mich recht unterrichtet, zu glückwünschender Gratula-tion im Nahmen der Schola Thomana hieher.

Ernesti. Des Aufftrages habe mich vordem ent-lediget. Anitzo bleibet noch ein weniges zu be-sprechen, so wir, der Kürtze halber, bestens allso-gleich vornehmen, wenn der Herr Cantor geneigt ist.

Sebastian. Gantz wie's beliebet.

Ernesti. Mögte jedoch nichts vor die Ohren der Jugend seyn, (mit einem Blick auf Phil. Emanuel) dahero gerathen haben wollte –

(Phil. Emanuel entfernt sich auf ein Zeichen des Vaters. Beide setzen sich.)

Sebastian. Wormit kann deme Herren Pathen dienen?

Ernesti (sich räuspernd). Es hat sich bey einigen Wochen herausgestellet und habe es selbsten mit eigenen Augen gesehen, daß in *primae classes,* so nicht unbillich denen untern als ein Muster oder Vorbild hingestellet werden, die Disciplina oder Zucht derer Schüler höchlich ins Wancken geraten, dergestalt, daß etliche sich geweigert, mir, dem Rectori, zu gehorchen; wie auch andre derer Alumnorum sich ohngebürlich auffgeführet und mit lautem Singen und Sprechen auff der Gassen den Unterricht gestöret –

Sebastian. Bleibet allda nichts übrig, als die Übelthäter strenge zu bestraffen, daß solcher Verdruß bey Zeitten ein Ende finde.

Ernesti. Des weitern habe ein Examen derer Schuldigen angestellet und sowol befunden als gehöret, daß der Herr Cantor sie angehalten, sich vorkommenden Falles auff ihn zu beruffen, da er in musicalischen Sachen niemand über sich habe.

Sebastian. Die Jungen haben recht gesagt. Was mögte der Herr Rector einwenden?

Ernesti (sich eiferernd). Ey, so ist der Herr Cantor schlecht informiret, und wäre ihme dienlich, wenn er ein Exemplar der neuen Schul-Ordnung allhie aufffhinge. Wie denn überhaupt befremdlich mercke, daß die Music oder Notten-Kunst, welche das gemeyne Volck ergetzet und belustiget, an unsrer Schul einen *ambitum* oder Umbfang angenommen, so den philologischen Wissenschafften gantz und gar gefährlich zu werden beginnet. Allwo man hinhöret, ein Zwitscheren und Trilieren, ein Geygen und Blasen, als wäre dieß Hauß eines Stadt-Pfeiffers und seiner Gesellen.

Sebastian. Dem Herren Rector mögte nachdrücklich entgegenhalten –

Ernesti. Und ist nur eine Consequenz oder Folge dieses Singens und Fidlens, wenn die Jugend den Respect vergisset, verliederet und deme Cantori mehr gehorchet denn dem Rectori. Als habe kürtzlich bestimmet und ordre geben, daß an Stelle des gewesenen ersten Praefecten, so ich selbsten vom Ambte suspendiret, der secundus, Gottlob Krause, die Praefecturam primam versehe. Was deme Herren Cantori hiemit eröfnet haben wollte.

Sebastian (erregt). Wo nimbt der Herr Rector das Recht her, ohne meinen, des Cantoris, Zuspruch, ein untauglich Subjectum wie Krausen anzuordnen, da selbsten und nur alleine befuget und im Stande, die Ingenia derer Sänger zu beurtheilen?

84

Ernesti. Recht wol! Allein es gilt, ein vor alle mahl ein Exemplum zu statuiren, auff daß sich klärlich zeige, wer in diesem Hause der Herr und wer der Diener sey.

Sebastian. So vermeynet, ich verharrete hie submissest als des Rectoris Knecht und duldete, wie meiner Kunst ein Unrecht und Gewalt geschähe? Ey, so lernet zuvörderst Euren Cantorem kennen, ehe Euch mit ihm messet. Denn das ist mein Spruch und Richtschnur, daß nicht den kleynsten Eingriff admittire in das Ambt, so mir der Hohe Rath dieser Stadt angewiesen und als ein heyliges Pfand in die Hände geleget, möget gleich suchen, ein hitziges Feuer zu machen. Der Krause bleibet was er war, und an mir lieget, *praefecturam primam* zu besetzen nach meinem Willen.

Ernesti. So wird Euch der Rath füglich ein mehrers lehren. (Heimtückisch.) Oder meynet, ich wisse nicht, daß schon mancher Species-Thaler in Eure Taschen geflossen, dafür Ihr einen zum Discantisten oder Vorsänger gemachet?

Sebastian (sich in vollem Zorne aufreckend). Der Herr Rector vergisset, in wessen Hause er sich befindet.

Ernesti. Irre nicht, so ist dieß mein Hauß so gut wie Eures.

Sebastian (mit gewaltiger Stimme). So wisset, dieß ist Heim und Wohnung des Cantors zu St. Thomae, *Directoris musicae* und churfürstlich sächsischen Hof-Compositeurs Bach. Ihr habt das Recht der Gastfreundschafft verwircket, Rector, denn hie bin ich Herr im Hause. Und wenn Ihr meynet, mit denen Waffen der Verleumdung wider mich zu kämpfen, so ruffe einen zum Zeugen an, der höher ist denn alle Wissenschafft der Welt. Vor deme hütet Euch, denn er kann auch durch die Hand eines schlichten Cantoris straffen.

Ernesti (der bei diesen Worten immer kleiner geworden, sieht sich ängstlich um). Ey, nicht so auffgeregt, Herr – Hof-Compositeur! Ihr über-schreyet Eure Stimme! Was sagte denn, daß Ihr so zornig wurdet, – was?

Sebastian (erhoben auf ihn zuschreitend). Das rate: Bewahret Eure Worte wol im Kopffe, Rec-tor! Mögte vielleicht bald die Zeit kommen, da sie wiederholen müßtet.

Ernesti (zurückweichend). Nahmt für ungut, wo ich's anders meynte.

Sebastian (den ängstlicher Werdenden gegen den Hintergrund drängend). Nahme es so, wie Ihr's gegeben, – der Cantor zu St. Thomae verste-het es nicht anders.

Ernesti (die Tür suchend). So mögte mich itzo dem Herren Can-, Can-, Hof-Compositeur emp-fehlen –

Sebastian. Ihr seid entlassen.

Ernesti. – und geneigtest um einen freundlichen

Gruß bitten – an die Frau Bachin und das liebwerthe – Pathenkind, den – Christel. (Wie er zur
Tür hinaus will, erschallt von draußen Lärm und
fröhliches Stimmengewirr. Erst nach Beginn des
nächsten Auftritts gelingt es ihm, unbemerkt zu
entkommen.)

Arnold Schering

NUR WER VIEL WEISS, KANN VIEL LEHREN

Nur derjenige, welcher viel weiß, kann viel lehren.
Nur derjenige, welcher Gefahren kennengelernt,
selbst ausgestanden und überwunden hat, kann sie
gehörig bemerklich machen und seine Nachfolger
mit Erfolg belehren, wie ihnen ausgewichen werden müsse. Beides vereinigte sich bei Bach. Sein
Unterricht wurde dadurch der lehrreichste,
zweckmäßigste und sicherste, den es je gegeben
hat, und alle seine Schüler traten, wenigstens in
irgendeinem Zweig der Kunst, in die Fußstapfen
ihres großen Meisters, obgleich keiner ihn erreich-
te und noch viel weniger übertraf.

Ich will zuerst etwas über seinen Unterricht im
Spielen sagen. Das erste, was er hierbei tat, war,
seine Schüler die ihm eigene Art des Anschlags zu

lehren. Zu diesem Behufe mußten sie mehrere Monate hindurch nichts als einzelne Sätze für alle Finger beider Hände mit steter Rücksicht auf diesen deutlichen und sauberen Anschlag üben. Unter einigen Monaten konnte keiner von diesen Übungen loskommen, und seiner Überzeugung nach hätten sie wenigstens sechs bis zwölf Monate lang fortgesetzt werden müssen.

Fand sich aber, daß irgendeinem derselben nach einigen Monaten die Geduld ausgehen wollte, so war er so gefällig, kleine zusammenhängende Stücke vorzuschreiben, worin jene Übungssätze in Verbindung gebracht waren. Von dieser Art sind die sechs kleinen Präludien für Anfänger und noch mehr die fünfzehn zweistimmigen Inventionen. Beide schrieb er in den Stunden des Unterrichts selbst nieder und nahm dabei bloß auf das gegenwärtige Bedürfnis des Schülers Rücksicht. In der Folge hat er sie aber in schöne, ausdrucksvolle kleine Kunstwerke umgeschaffen. Mit dieser Fingerübung entweder in einzelnen Sätzen oder in den dazu eingerichteten kleinen Stücken war die Übung aller Manieren (Verzierungen) in beiden Händen verbunden.

Hierauf führte er seine Schüler sogleich an seine eigenen größeren Arbeiten, an welchen sie, wie er recht gut wußte, ihre Kräfte am besten üben konnten. Um ihnen die Schwierigkeiten zu erleichtern, bediente er sich eines vortrefflichen Mittels, näm-

lich: er spielte ihnen das Stück, welches sie ein-
üben sollten, selbst erst im Zusammenhange vor
und sagte dann: «So muß es klingen!»

Man kann sich kaum vorstellen, mit wie vielen
Vorteilen diese Methode verbunden ist. – Wenn
durch das Vergnügen, ein solches Stück in seinem
wahren Charakter zusammenhängend vortragen
zu hören, auch nur der Eifer und die Lust des
Schülers angefeuert würde, so wäre der Nutzen
schon groß genug. Allein dadurch, daß der Schüler
nun auch auf einmal einen Begriff bekommt, wie
das Stück eigentlich klingen muß und welchen
Grad von Vollkommenheit er zu erstreben hat,
wird der Nutzen noch ungleich größer. Denn sowohl das eine als das andere kann der Schüler ohne
ein solches Erleichterungsmittel nur nach und
nach, so wie er die mechanischen Schwierigkeiten
allmählich überwindet, und vielleicht doch nur
sehr unvollkommen kennen und fühlen lernen.

Überdies ist nun der Verstand mit in das Spiel
gezogen worden, unter dessen Leitung die Finger
weit besser gehorchen, als sie ohne dieselbe vermögen würden. Kurz, dem Schüler schwebt nun
ein Ideal vor, welches den Fingern die im gegebenen Stücke liegenden Schwierigkeiten erleichtert,
und mancher junge Klavierspieler, der kaum nach
Jahren einen Sinn in ein solches Stück zu bringen
weiß, würde es vielleicht in einem Monat recht gut
gelernt haben, wenn es ihm nur ein einziges Mal

im gehörigen Zusammenhange und in gehöriger Vollkommenheit vorgespielt worden wäre.

So zweckmäßig und sicher Bachs Lehrart im Spielen war, so war sie es auch in der Komposition. Den Anfang machte er nicht mit trockenen, zu nichts führenden Kontrapunkten, wie es zu seiner Zeit von anderen Musiklehrern geschah; noch weniger hielt er seine Schüler mit Berechnungen der Tonverhältnisse auf, die nach seiner Meinung nicht für den Komponisten, sondern für den bloßen Theoretiker und Instrumentenmacher gehörten. Er ging sogleich an den reinen vierstimmigen Generalbaß und drang dabei sehr auf das Aussetzen der Stimmen, weil dadurch der Begriff von der reinen Fortschreitung der Harmonie am anschaulichsten gemacht wird.

Hierauf ging er an Choräle. Bei diesen Übungen setzte er selbst anfänglich die Bässe und ließ von den Schülern nur den Alt und Tenor dazu erfinden. Nach und nach ließ er sie auch die Bässe machen. Überall sah er nicht nur auf die höchste Reinheit der Harmonie an sich, sondern auch auf natürlichen Zusammenhang und fließenden Gesang aller einzelnen Stimmen. Was für Muster er selbst in dieser Art geliefert hat, weiß jeder Kenner; seine Mittelstimmen sind oft so sangbar, daß sie als Oberstimmen gebraucht werden könnten.

Nach solchen Vorzügen mußten auch seine Schüler in diesen Übungen streben, und ehe sie nicht einen hohen Grad von Vollkommenheit hierin erreicht hatten, hielt er es nicht für ratsam, sie eigene Erfindungen versuchen zu lassen. Ihr Gefühl für Reinheit, Ordnung und Zusammenhang in den Stimmen mußte erst an anderen Erfindungen geschärft und gleichsam zu einer Gewohnheit werden, ehe er ihnen zutraute, dieselben Eigenschaften ihren eigenen Erfindungen geben zu können.

Überdies setzte er bei allen seinen Kompositionsschülern die Fähigkeit, musikalisch denken zu können, voraus. Wer diese nicht hatte, erhielt von ihm den aufrichtigen Rat, mit der Komposition sich nicht zu beschäftigen. Daher fing er auch sowohl mit seinen Söhnen als auch mit anderen Schülern das Kompositionsstudium nicht eher an, bis er Versuche von ihnen gesehen hatte, worin er diese Fähigkeit oder das, was man musikalisches Genie nennt, zu bemerken glaubte.

Wenn sodann die schon erwähnten Vorbereitungen in der Harmonie geendigt waren, nahm er die Lehre von den Fugen vor und machte mit zweistimmigen den Anfang usw. In allen diesen und anderen Kompositionsübungen hielt er seine Schüler strenge an: 1. Ohne Klavier, aus freiem Geiste zu komponieren; diejenigen, welche es anders machen wollten, schalt er «Klavierritter». 2. Ein stetes Augenmerk sowohl auf den Zusammenhang jeder einzelnen Stimme für und in sich als auch auf ihr Verhältnis gegen die mit ihr verbundenen und zugleich fortlaufenden Stimmen zu haben.

Keine, auch nicht eine Mittelstimme durfte abbrechen, ehe das, was sie zu sagen hatte, vollständig gesagt war. Jeder Ton mußte seine Beziehung auf einen vorhergehenden haben. Erschien einer, dem nicht anzusehen war, woher er kam oder wohin er wollte, so wurde er als ein Verdächtiger ohne Anstand verwiesen. Dieser hohe Grad von Genauigkeit in der Behandlung jeder einzelnen Stimme ist es eben, was die Bachische Harmonie zu einer vielfachen Melodie macht. Das unordentliche Untereinanderwerfen der Stimmen, so daß ein Ton, welcher in den Tenor gehört, nun in den Alt geworfen wird, und umgekehrt, ferner das unzeitige Einfallen mehrerer Töne bei einzelnen Harmonien, die, wie vom Himmel gefallen, die angenommene Anzahl der Stimmen auf einer einzelnen Stelle plötzlich vermehren, auf der folgenden Stelle aber wieder verschwinden und auf keine Weise zum Ganzen gehören; kurz, das, was Bach mit dem Worte «mantschen» (sudeln, Töne und Stimmen unordentlich untereinandermengen) bezeichnet haben soll, findet sich weder bei ihm selbst noch bei irgendeinem seiner Schüler.

Bach sah seine Stimmen gleichsam als Personen an, die sich wie eine geschlossene Gesellschaft miteinander unterredeten. Waren ihrer drei, so konnte jede derselben bisweilen schweigen und den anderen so lange zuhören, bis sie selbst wiederum etwas Zweckmäßiges zu sagen hatte. Kamen aber auf einmal mitten in der besten Unterredung ein paar unberufene und unbescheidene fremde Töne in ihre Mitte gestürzt und wollten ein Wort, vielleicht gar nur eine Silbe eines Wortes, ohne Verstand und Beruf mit einsprechen, so hielt dies Bach für eine große Unordnung und bedeutete seinen Schüler, daß sie nie zu gestatten sei.

Bei aller Strenge dieser Art gestattete er dennoch auf einer anderen Seite seinen Schülern große Freiheiten. Sie durften im Gebrauch der Intervalle, in den Wendungen der Melodie und Harmonie alles wagen, was sie wollten und konnten, nur mußte nichts vorkommen, was dem musikalischen Wohlklang oder der völlig richtigen, unzweideutigen Darstellung des inneren Sinns, um dessentwillen alle Reinheit der Harmonie gesucht wird, nachteilig sein konnte. So wie er selbst hierin alle Möglichkeiten versucht hat, so sah er es auch gerne, wenn seine Schüler es taten.

Andere Kompositionslehrer ... gestatteten nicht so viele Freiheiten. Sie waren bange, daß ihre Schüler dadurch in Gefahren verwickelt werden möchten, veranlaßten aber dadurch offenbar, daß sie auch nie Gefahren überwinden lernten. – Die Lehrart Bachs ist daher gewiß zweckmäßiger und führt weiter. Auch schränkt er sich überhaupt nicht so wie seine Vorgänger bloß auf den reinen Satz ein, sondern nimmt überall Rücksicht auf die noch übrigen Erfordernisse einer wirklich guten Komposition, nämlich auf Einheit des Charakters durch ein ganzes Stück, auf Verschiedenheit des Stils, auf den Rhythmus, auf Melodie, etc. Wer die Bachische Lehrmethode in der Komposition nach ihrem Umfange kennenlernen will, findet sie in Kirnbergers «Kunst des reinen Satzes» hinlänglich erläutert.

Endlich durften seine Schüler, solange sie unter seiner musikalischen Aufsicht standen, außer seinen eigenen Kompositionen nichts als klassische Kunstwerke studieren und kennenlernen. Der Verstand, durch welchen das wahre Gute erst erkannt wird, entwickelt sich später als das Gefühl; nicht zu gedenken, daß auch selbst dieses durch häufige Beschäftigung mit unechter Kunst irregemacht und verwöhnt werden kann. Gewöhnung an das Gute ist daher die beste Lehrart für die Jugend. Die Begriffe davon folgen mit der Zeit nach und können dann die Anhänglichkeit an lauter echte Kunstwerke immer mehr befestigen.

J. N. Forkel

DIE PERÜCKE

Bei den englischen Richtern hat sich der seltsame Haupt- und Haarschmuck noch erhalten, unter dem sich ein ganzes Jahrhundert, das Jahrhundert Johann Sebastian Bachs, versteckte, und auch auf der Bühne hat er seine Brauchbarkeit erwiesen: Italienische Sänger finden, etwa nach einer Aufführung von Rossinis *Barbier*, nichts dabei, wenn sie zum sechsten oder zum zehnten Mal vor die Beifall klatschende, rufende, trampelnde Menge treten, einander die Perücke vom Kopf zu heben, um dadurch anzuzeigen, daß alles nur Spaß gewesen sei, aber auch, daß der Spaß nunmehr unwiderruflich ein Ende habe, weiß doch nun ein jeder, was hinter der Maske und unter der Perücke in Wahrheit steckte: ein Mensch dieser Zeit, ungeschminkt und unverstellt ein Gesicht wie tausend andere auch.

Den Thomaskantor kennen wir nur im Schmuck der Perücke; und sie verleiht ihm ein so feierlich-strenges Aussehen, daß man sich gar nicht vorstellen kann, wie der große Mann ausgesehen haben mag, wenn er sich daheim vor seinen Kindern und seinen Schülern zwanglos-häuslich bewegte. Gewiß wird er da den wallenden Kopfputz abgelegt haben – ob dann aber ein kahles Haupt zum Vorschein kam? Wir wissen es nicht.

Von Händel, seinem gleichaltrigen Orts- und Kunstnachbarn, dem er doch nicht ein einziges Mal von Angesicht zu Angesicht begegnet ist, gibt es einige Bildnisse, die den weltmännischen Meister ohne Perücke zeigen: Gleich gewinnt man auch ein deutlicheres Bild von seiner Persönlichkeit und spürt, daß das Zeitgewand nur eine Maske ist, die den wirklichen Menschen hinter einer angenommenen Form zurücktreten läßt.

Aber so war das Jahrhundert: stark an Gefühlen, groß an Leidenschaften, war man beflissen, diese in eine unsprengbare Ordnung zu fassen, die für jedermann verbindlich sein sollte. Daß man zu solchen phantastischen Mitteln wie zur Perücke griff, läßt aber vermuten, daß man schon allzu nahe dem Zeitpunkt war, wo das langgestaute Gefühl sich der Bande entledigen würde, die Mode und Gesellschaft dem einzelnen auferlegten. Durchbricht doch auch in der Musik des Thomaskantors die strömende Empfindung die Schranke der überkommenen Formen und eilt in den Arien der Passionen und Kantaten frei hinweg und hinauf – Stimme des Herzens, der innigsten Andacht und Anbetung; ähnlich dem noch vor Bachs Tode, 1748, erschienenen «Messias» des jungen Klopstock, darin auch der göttliche Gegenstand sich preisgibt an die fromme Empfindung wie der Fels im Meer den wogenden Fluten.

Den von der Perücke befreiten Thomaskantor

finden wir, wenn nicht in seinen Bildnissen, so doch wenigstens in einer Erzählung, von der man annehmen möchte, daß sie nicht erfunden, sondern wahr ist. Sein Leipziger Amt hat ihm ja wohl zeitlebens mehr Ärger als Geld eingetragen, ganz gewiß in den ersten Jahren, als er mit Johann Gottlieb Görner, einem aus Sachsen gebürtigen, wenig bedeutenden, aber um so anspruchsvoller auftretenden Musiker im Streit lag. Der waltete an der Universität seines Amtes als Musikdirektor, auf welches aber der Thomaskantor, auf alte Überlieferung sich stützend, seinerseits Anspruch erhob. Universität und Rat hielten es lieber mit dem geschmeidigen – und um zwölf Jahre jüngeren – Görner als mit dem selbstbewußten Bach. Schließlich ward Görner noch zum Organisten an St. Thomas bestellt, so daß ihn Bach nunmehr vor Augen und um sich hatte, so oft er im Gottesdienst und bei den Proben seiner Musikantenschar vorstand. Es läßt sich denken, daß der ehrgeizige Sachse seinem Kantor mannigfachen Anlaß zum Ärger gab – gewollt und ungewollt.

Als es einmal wieder eine Kantate einzuüben galt, soll Görner an seiner Orgel sitzend, Chor und Orchester dadurch in Verwirrung gebracht haben, daß er beharrlich falsch begleitete – gewiß eine sehr plumpe Art, sein Mißfallen mit dem Dirigenten zum Ausdruck zu bringen. Bach, der ihn mehrfach zur Aufmerksamkeit ermahnt hatte, geriet schließlich in hellen Zorn, und nicht zufrieden damit, sich die Haare zu raufen, wozu wohl jeder Dirigent einmal seine Zuflucht nehmen möchte, riß er sich mit einem Ruck die Perücke vom Haupte und warf sie, über die unwillkürlich sich duckenden Sänger hinweg, dem verdutzten Görner an den Kopf. In seinem Grimme vollends der heiligen Stätte vergessend, an der sie ihre Probe abhielten, rief er ihm zu, er hätte wohl besser getan, Schuster zu werden denn Musiker!

Zornbebend – und barhäuptig stand Bach vor seinen Sängern und Spielern: Unbedenklich gab er die äußere Würde hin, wo es sich darum handelte, den Schöpfer Himmels und der Erden nicht nur durch ein selbstgeschaffenes Werk zu ehren, sondern auch durch dessen möglichst vollkommene Darstellung. So daß man geneigt sein könnte, den Kirchenchören und Organisten um des Ansporns zu immer noch besserer Leistung willen zu empfehlen, das Bildnis des barhäuptigen Bach an der Wand des Orgelchores aufzuhängen – wenn es ein solches gäbe, was, wie wir ja wissen, leider nicht der Fall ist.

Kurt Ihlenfeld

DER GROSSE ZEITGENOSSE

Claviersachen von Bachen und Händeln erschienen zu gleicher Zeit in den zwanziger Jahren dieses Sekulums im Druck. Aber welche Verschiedenheit! In Händels Suiten ist viel Copie nach der damaligen Art der Franzosen, und nicht viel Verschiedenheit; in Bachs Theilen der Clavierübung ist alles Original und verschieden. Der Gesang der Arien mit Veränderungen in Händels Suiten ist platt und für unsere Zeiten viel zu einfältig; Bachs Arien mit Veränderungen sind noch jetzt gut, sind Original, und werden deswegen nicht leicht veralten. Welcher Reichthum, besonders in Bachs gedruckten Arie mit Veränderungen fürs Clavizimbel mit zwey Manualen [Goldberg-Variationen]! Welche Mannichfaltigkeit! Welche Fertigkeit der Hände und des Vortrages erfordernde Kunst!

Der erste Theil von Händels Claviersuiten ist bis auf die Arien sehr gut. Der zweyte Theil soll galanter seyn, aber er ist mehrentheils gemein und elend.

Händels Fugen sind gut, nur verläßt er oft eine Stimme. Bachs Clavierfugen kann man für so viele Instrumente aussetzen, als sie vielstimmig sind; keine Stimme geht leer aus, jede ist gehörig durchgeführt, Händels Fugen erstrecken sich nicht weiter, als höchstens auf vier Stimmen. Bach hat in

seinen Sammlungen des so betitelten wohl tempe-
rirten Claviers fünfstimmige Fugen, und zwar
durch alle vier und zwanzig Thonarten gemacht.
Sogar hat man eine Fuge von ihm über das König-
lich Preußische Thema mit sechs Stimmen und
zwar manualiter [Ricercar aus dem Musikalischen
Opfer].

Wenn von harmonischer Kunst die Rede ist,
von dem Genie des Meisters, das viele Theile eines
großen Werkes erfand, vollkommen ausarbeitete,
und zu einem großen schönen Ganzen bildete,
und in einander paßte, das Mannichfaltigkeit und
simple Größe vereinigte, und zwar so, daß selbst
der Liebhaber, der nur einigermaassen die Sprache
der Fuge verstand, (andere haben über Fugen kein
Urtheil) dadurch entzückt wurde: so zweifele ich,
ob je Händels Fugen mit den Bachischen die Ver-
gleichungen aushalten.

Was haben aber Bachs übrige Claviersachen
nicht für Vorzüge! Wie viel Leben, Neuheit und
gefällige Melodie noch itzt, da alles im Gesange so
verfeinert ist! Wie viel Erfindung, welche Mannichfaltigkeit in allerley Geschmack, der kunstrei-
chen und galanten, der gebundenen und freyen
Schreibart, wo Harmonie oder Melodie herrscht;
dort äußerste Schwierigkeit für Meisterhände, und
hier Leichtigkeit, selbst für etwas geübte Liebhaber! Wie viel brave Clavierspieler haben seine
Stücke nicht hervorgebracht! War er nicht der

Schöpfer einer ganz andern Behandlungsart der Clavierinstrumente? Gab er ihnen nicht vorzüglich Melodie, Ausdruck und Gesang im Vortrage? Er, der tiefste Kenner aller Kontrapunktischen Künste, (und Künsteleyen sogar) wußte der Schönheit die Kunst unterthan zu machen. Und welch eine große Menge von Claviersachen hat er gesetzt! . . .

In Bachs Orgelsachen kommen mehrentheils, und bey Stücken mit zwey Manualen und Pedal allezeit drey Systeme übereinander vor. Das Pedal ist allezeit vom Manuale frey und eine Stimme für sich. Zuweilen kommen auch zwey obligate Stimmen im Pedal vor. Die linke Hand ist nichts weniger, als Baßspielerin, sie muß alle Fertigkeit und Geläufigkeit der Rechten haben, um die ihr vorgeschriebenen Stimmen, die so oft voll lebhafter Melodie sind, gehörig ausführen zu können.

Nach Beschaffenheit der Registrirung giebt Bach dem Pedal zuweilen die prachtvolle, und dennoch manchmal nicht langsame noch leichte Hauptmelodie, wobey die beyden Hände das Glänzende haben; zuweilen hat es die oberste Mittelstimme, zuweilen die unterste. Alle diese Aufgaben und Veränderungen müssen sich die Hände auch gefallen lassen.

Das Pedal hat zuweilen viel Glänzendes und Geschwindes, welches freylich nur geübte Meister auszuführen im Stande sind, und dergleichen in

England wohl nie mag erhört worden seyn. Wenn man nun hinzusetzt, daß Bach nicht allein mit der Feder allen diesen Forderungen ein Genüge gethan habe, sondern auch aus dem Stegereife im Stande war es zu thun, und zwar so regelmäßig als möglich: welche Größe gehört nicht hierzu!

Außer den vielen von J. S. gesetzten, ausgeführten und variirten Chorälen und Vorspielen dazu (auch die finden bey den Engländern wenig Statt, da ihre Art des Kirchengesangs wenig Gelegenheit dazu giebt) außer andern Trios für die Orgel sind besonders 6 dergleichen für zwey Manuale und das Pedal bekannt [die Orgeltriosonaten], welche so galant gesetzt sind, daß sie jetzt noch sehr gut klingen, und nie veralten, sondern alle Moderevoluzionen in der Musik überleben werden. Überhaupt genommen, hat noch niemand so viel schönes für die Orgel gesetzt, als J. S. Bach ...

Und unter allen den Händelschen Orgelsachen, die ich kenne, ... finde ich keines, das die oben an den Bachischen gerühmten Vorzüge hätte. Allenthalben giebt das Pedal Trumpf zu, das ist, es thut nichts weiter, als den Baß verstärken, und kann auch bloß manualiter, ohne daß die Wirkung geschwächt würde, gespielt werden ...

Oder war diese große erhabnere Arbeit, diese Bachische Kunst, (welche die alten finstern Grübeleyen mit dem hellern Geschmack und schönern Ausdruck der Neuern so glücklich und unerreich-

bar vereinte,) war diese selbst des großen Händels
Sache nicht? Ein sonderbarer Umstand in seiner
Lebensgeschichte macht es wahrscheinlich, daß er
sich nicht getrauete, in diesem Stücke gegen J. S.
B. aufzukommen.

Im ersten Bande von Marpurgs Beyträgen zur
Geschichte der Musik, S. 450, ist eine Stelle, welche das bestätigt, nur bedarf sie eines kleinen
Kommentars. Die Stelle lautet so: hat nicht ein
großer Händel alle Gelegenheiten vermieden, sich
mit dem seligen Bach, diesem Phönix im Satze und
der Ausführung aus dem Stegereife, zusammenzu-
finden, und sich mit ihm einzulassen? u. s. w., und
der Kommentar ist folgender: Händel ist dreymal
aus England in Halle gewesen, das erstemal unge-
fähr um 1719, das zweytemal in den Dreyßigern,
und das letztemal 1752 oder 1753 [Händel besuchte Halle 1719, 1729 und 1750]. Beym erstenmale
war J. S. B. damals Kapellmeister in Köthen, vier
kleine Meilen von Halle. Er erfuhr Händels An-
wesenheit in letztgedachtem Orte, sogleich setzte
er sich auf die Post, und fuhr nach Halle. Denselben Tag, wie er da ankam, reisete Händel weiter.

Beym zweytenmale hatte J. S. B. zum Unglück
das Fieber. Weil er nun selbst nach Halle zu reisen
außer Stande war, so schickte er sogleich seinen
ältesten Sohn, Wilhelm Friedemann, dahin, um
Händeln aufs höflichste einzuladen. Friedemann
besuchte Händeln, und erhielt zur Antwort, daß

er nicht nach Leipzig kommen könnte, und es sehr bedauerte. J. S. B. war nämlich schon damals in Leipzig, auch nur vier Meilen von Halle.

Beym drittenmale war J. S. schon todt. Händel war also nicht so neugierig, wie J. S. B., welcher einmal in seiner Jugend wenigstens 50 Meilen zu Fuße lief, um den berühmten Lübeckschen Organisten Buxtehude zu hören. Um so viel mehr schmerzte es J. S. B., daß er Händeln, diesen wirklich großen Mann, den er besonders hochachtete, nicht persönlich hatte kennen lernen.

Vielleicht fällt aber jemanden hiebey die bekannte Geschichte mit dem nicht ohne Verdienst berühmten französischen Orgelspieler Marchand ein, der nach Dresden kam, um mit Bachen um die Wette zu spielen, und ohne Sieg bescheiden sich in sein Vaterland zurückezog, nachdem der König mit einer großen und glänzenden Gesellschaft beym Marschall Grafen von Flemming deswegen ihn erwartete. Er ließ eine Besoldung von einigen 1000 Thalern im Stiche, und war mit Extrapost fort.

Vielleicht hält man daher Bachen für einen herausfordernden musikalischen Renommisten, dem der friedfertige Händel wohl hätte aus dem Wege gehen müssen? Nein, Bach war nichts weniger, als stolz auf seine Vorzüge, und ließ seine Übermacht niemand empfinden. Im Gegentheil war er ungemein bescheiden, tolerant und sehr höflich gegen andere Tonkünstler. Die Geschichte mit Marchand wurde hauptsächlich durch andere bekannt, er selbst hat sie nur selten erzählt, wenn man in ihn drang.

Nur ein Beyspiel zum Beweise seiner Bescheidenheit, wovon ich Zeuge gewesen bin. Bach kriegte einsmals einen Besuch von Hurlebusch, einem Clavier- und Orgelspieler, welcher damals sehr berühmt war. Dieser letztere setzte sich auf Ersuchen an den Flügel; und was spielte er Bachen vor? Eine gedruckte Menuet mit Veränderungen. Hierauf spielte Bach ganz ernsthaft nach seiner Art. Der Fremde von Bachs Höflichkeit und freundlicher Aufnahme durchdrungen, machte Bachs Kindern mit seinen gedruckten Sonaten ein Geschenk, damit sie daraus, wie er sagte, studiren sollten, ohngeachtet Bachs Söhne schon damals ganz andere Sachen zu spielen wußten. Bach lächelte für sich, blieb bescheiden und freundlich.

C. Ph. E. Bach (?)

Im Herbst 1728 begann Bach mit der Komposition der «Matthäuspassion», am Karfreitag (15. 4.) des Jahres 1729 wurde sie zum ersten Mal aufgeführt. Welchen Eindruck diese erste Präsentation auf die Zuhörer gemacht hat, «ist nicht überliefert. Wahrscheinlich ging Bachs Werk ganz unbeachtet vorüber. An demselben Karfreitag, zu derselben Stunde, wurde in der Neuen Kirche die Passion eines gewissen Gottlieb Fröber, der sich um die freie Kantorenstelle daselbst bewarb, zu Gehör gebracht. Für die Leipziger war diese wahrscheinlich das musikalische Ereignis des Tages und nicht die Passion, die der Thomaskantor angekündigt hatte» (Albert Schweitzer).

Das sollte 100 Jahre später, am Karfreitag 1829, am 11. März, ganz anders sein. Da feierte das Bachsche Werk eine glanzvolle Auferstehung, gefördert von so begeisterten Verehrern des großen Meisters wie dem Komponisten Felix Mendelssohn-Bartholdy, seinem Lehrer (und Goethe-Freund) Carl Friedrich Zelter und dem Schauspieler und Theaterleiter Eduard Devrient, der die Schwierigkeiten dieser «Wiedergeburt» eines Kunstwerks auch auf das Anschaulichste zu schildern wußte.

Die Geselligkeit des Hauses Mendelssohn gewann außer an den Sonntagsmusiken noch einen weiteren bildenden Ernst. Felix begann im Winter 1827 an einem Abend der Woche, gewöhnlich des Sonnabends, einen kleinen zuverlässigen Chor zu versammeln und seltene Musik zu üben. Bald legte er uns seine verehrte «Matthäuspassion» vor.

Nun ging uns eine neue Welt der Musik auf, als ein Stück nach dem andern uns gründlich klar wurde. – Das kursorische Durchnehmen von Bruchstücken in Zelters Freitagsmusik hatte das nicht bewirken können. Daß das Absingen des Evangeliums von verschiedenen Personen den Kern des Werkes abgab, frappierte uns ungemein, es war ja vergessen, wie alt dieser kirchliche Gebrauch war. Die dramatische Behandlung, welche dadurch entstand, die erschütternde Gewalt der einschlagenden Chöre, vor allem die wunderbare Deklamation der Partie des Jesus, die mir eine neue ehrwürdige Bibelsprache war – dies alles wirkte mit jeder Übung wachsendes Staunen und Verwundern über die Größe dieses Werkes.

Nicht nur Therese [Eduard Devrients Frau], alle mitsingenden Freunde teilten meine Eindrücke, und Felix hatte sich über Mangel an Eifer nicht zu beklagen. Er nun war in das Werk so eingelebt, beherrschte seine Schwierigkeiten mit so viel Leichtigkeit, und verstand es, seine Beherrschung des Stoffes, seine lebendige Auffassung des Inhaltes so geschickt und bescheiden auf uns zu übertragen, daß uns natürlich und geläufig wurde, was bis dahin als eine rätselhafte musikalische Geheimsprache gegolten hatte . . .

Immer heißer wurde in mir das Verlangen, den Jesus öffentlich zu singen; immer lebhafter tauschten wir die Wünsche aus, daß es möglich sein möchte, das Wunderwerk zur Aufführung zu bringen. Aber allgemein schreckte man auch zurück vor den unüberwindlichen Schwierigkeiten, welche das Werk an sich – mit Doppelchor und Doppelorchester – dem Studium in den Weg legen würde, und vor denen, welche die Umständlichkeit der Singakademie und die abgeschlossene, unförderliche Haltung Zelters zu bereiten drohten.

Schließlich wurde es sehr in Frage gestellt: Ob das Publikum auf ein so weltfremdes Werk eingehen werde? Man hatte wohl in geistlichen Konzerten hie und da ein kurzes Stück von Johann Sebastian Bach der Merkwürdigkeit wegen hingenommen, nur die wenigen Kenner hatten Freude daran gehabt; jetzt aber sollte man einen ganzen Abend nichts als Johann Sebastian Bach hören, der nur als unmelodisch, berechnend, trocken und unverständlich im Publikum bekannt war? Das würde als eine unverschämte Zumutung erscheinen.

Felix' Eltern selbst, die doch gern das Problem einer Aufführung der Passion durch ihren Sohn gelöst gesehen hätten, vermochten nicht, sich diesen Bedenken zu verschließen ... Felix hielt die Aufführung für so unmöglich, daß er auf mein und der mutvolleren Freunde Andringen nur mit Scherz und Ironie antwortete. Er erbot sich, zu einer Aufführung Knarre und Waldteufel (Kinderinstrumente, womit in Berlin der Weihnachtslärm gemacht wird) zu spielen, stellte alle Stadien, welche die Unternehmung zu durchlaufen hätte, im lächerlichsten Licht dar, und sich selbst zumal, wenn er, ohne das größte amtliche Ansehen, wagen wolle, das musikalische Herkommen in Berlin aus den Angeln zu heben.

So hoffnungslos stand es um die Auferstehung der seit hundert Jahren begrabenen Passionsmusik selbst bei ihren Bewunderern.

Mir ließ die Sache keine Ruhe. Als wir im Januar 1829 eines Abends den ganzen ersten Teil des Werkes gesungen hatten und wir mit einem überwältigenden Eindruck nach Hause gegangen waren, da kam mir in ruheloser Nacht der Gedanke, auf welchem Wege eine Aufführung durchzusetzen sei. Mit Ungeduld erwartete ich den späten Wintertag. Therese stimmte meinem Plane ermutigend bei, und so machte ich mich zu Felix auf ...

Als er erschien, hieß ich ihn an sein Frühstück gehen und eifrig essen, damit er mich nicht zu oft unterbreche. Er ging mit gutem Humor und noch besserem Appetit darauf ein, und ich erklärte ihm nun rund heraus, ich hätte in dieser Nacht beschlossen, die Passion müsse in den nächsten Monaten, noch vor seiner beabsichtigten Reise ñach England, in der Singakademie aufgeführt werden.

Er lachte. – «Wer dirigiert sie denn?»

«Du!»

«Den Teufel auch! Unterstützen will ich die Musik mit –»

«Komm mir nicht wieder mit deinem Waldteufel! Die Sache ist jetzt außer allem Spaß und gründlich überlegt.»

«Potz Wetter, du wirst feierlich! Nun, laß einmal hören!»

Nun stellte ich ihm die Folgerung auf: wir hätten die «Matthäuspassion» als das größte und wichtigste deutsche Musikwerk erkannt; folglich dürften wir auch nicht ruhen, bis dasselbe wieder zu lebendiger Wirkung gekommen sei und wieder die Gemüter erbaue. Da mir Felix diese Aufstellungen nicht hatte widerlegen können, so durfte ich die Summe ziehen: «Die Aufführung kann zur Zeit niemand als du mit überzeugendem Erfolge unternehmen, folglich *mußt* du es tun!»

«Wenn ich's durchsetzen könnte, ja!»

Nun eröffnete ich ihm, daß, wenn er selbst die Veranstaltung wirklich nicht durchzusetzen vermöge, ich mir Folgendes ausgedacht: Es sei ihm bekannt, daß die Singakademie sowohl als Zelter selbst sich mir für meine beinahe zehnjährige Mitwirkung bei allen ihren Konzerten verpflichtet erachteten; ich würde also einen Gegendienst von beiden verlangen dürfen, und der sollte die Überlassung des Saales und die Erlaubnis und Befürwortung einer Einladung der Singakademie zur Mitwirkung bei der Passionsaufführung sein.

Felix vermochte nicht zu leugnen, daß man mir beides nicht verweigern werde. Ich setzte ihm also weiter auseinander, daß, wenn er meine Genossenschaft nicht verschmähen und als dirigierender Mitunternehmer auftreten wolle, auch der musikalische Kredit des Unternehmens gesichert sei, und wenn wir schließlich dessen Geldgewinn für irgendeinen wohltätigen Zweck bestimmten, so würde die Sache nach allen Seiten hin gedeckt sein. So schloß ich denn: «Ich biete dir also hiermit dies anständige Compagniegeschäft, übernehme dabei alle geschäftlichen Besorgungen und singe den Jesus, du aber dirigierst das vergessene Wunderwerk wieder in die offene Welt hinaus!»

Felix war gedankenvoll, dann sagte er: «Was mir an deinem Vorschlag gefällt, ist, daß wir die Sache miteinander machen sollen, das ist hübsch. Aber glaube mir, wir werden zunächst an Zelters Widerspruch scheitern. Er hält die Aufführung der Passion für unmöglich, weil er und andere sie bisher nicht unternehmen mochten.»

Ich setzte bessere Hoffnung auf Zelters tüchtige Natur und auf die starke Gemütsseite seines bär-

beißigen Charakters; für den schlimmsten Fall
aber war ich entschlossen, selbst gegen Zelters Widerspruch die Sache bei der Vorsteherschaft der
Singakademie anzubringen und ihn zur Nachgie-
bigkeit zu nötigen. Gegen solche extreme Schritte
hatte Felix die stärkste Abneigung; er hielt sie für
pietätswidrig. Ich überredete ihn, daß sie nicht nötig sein würden. Und so willigte er nach langem
Hin- und Herdebattieren ein, sich dem Unternehmen nicht zu entziehen.

Die Eltern und Fanny [Mendelssohns ältere
Schwester] stimmten meinem Plane bei, den sie als
den einzigen erfolgverheißenden ansahen. Es
mußte sie freuen, wenn Felix vor seinem Ausfluge
in die Welt noch eine große und denkwürdige
Aufgabe löste. Der Vater hegte zwar noch Besorgnis vor Zelters Widerstand, ich aber war guten
Mutes.

Felix, nun mit der Sache sehr beschäftigt, dachte
sich noch ein kluges Verfahren aus, um sich und
das Unternehmen nicht zu kompromittieren: Die
Chorübungen sollten mit der etwas vermehrten
Mitgliederzahl des häuslichen Kreises im kleinen
Akademiesaale ohne angekündigten weiteren
Zweck fortgesetzt werden; dieser Chor sollte sich
aus Mitgliedern der Singakademie nach Lust und
Neigung, auch Neugier, allmählich vermehren;
dadurch gewönne er einen sicheren Kern und vermöge – wenn alles gut gehe – die Masse mit sich zu

ziehen. Für den Fall aber, daß das Studium keinen Erfolg verspreche oder andere Hinderungen sich fänden, könne die Sache aufgegeben werden, bevor die Absicht einer Aufführung ausgesprochen worden sei.

So vorbereitet rückten wir dem alten Zelter aufs Zimmer, im Erdgeschoß der Singakademie. Vor der Tür sagte Felix mir noch: «Du, wenn er aber grob wird, geh ich fort; ich darf mich mit ihm nicht kabbeln.» – «Grob wird er ganz gewiß», antwortete ich, «aber das Kabbeln übernehme ich.»

Wir klopften an. Die rauhe Stimme des Meisters rief uns laut hinein. Wir trafen den alten Riesen im dichten Tabaksqualm, mit der langen Pfeife im Munde, an seinem alten Flügel, mit doppelter Klaviatur, sitzend. Die Schwanenfeder, mit der er zu schreiben pflegte, hatte er in der Hand, ein Notenblatt vor sich. Er trug seine sandfarbene kurze Pikesche, Unterbeinkleider, die, unterm Knie gebunden, noch auf kurze Hosen berechnet waren, derbe wollene Strümpfe und gestickte Schuhe. Den Kopf, mit den zurückgestrichenen weißen Haaren, hatte er gehoben; das Gesicht mit seinen derben, bürgerlichen und doch bedeutenden Zügen hatte er nach der Tür uns zugewendet, und als er uns durch seine Brille erkannt hatte, rief er freundlich in seiner breiten Weise: «I, sieh da! schon so früh zwei so schöne junge Leute! Nun, was verschafft mir die Ehre? Hier, Platz genommen!»

Er führte uns zu einem Winkel des Zimmers, wo er auf einem schlichten Sofa niedersaß; wir holten uns Stühle.

Nun begann ich meinen wohlüberlegten Vortrag von der Bewunderung des Bachschen Werkes, das wir in seinen Freitagsmusiken zuerst kennengelernt und dann im Mendelssohnschen Hause weiter studiert hätten, und daß wir jetzt der dringenden inneren und äußeren Aufforderung nachgeben möchten, einen Versuch zu machen, das Meisterwerk der Öffentlichkeit zurückzugeben und – wenn er es unterstützen wolle – mit Hilfe der Singakademie eine Aufführung zu veranstalten.

«Ja», sagte er gedehnt und reckte dabei das Kinn in die Höhe, wie er zu tun pflegte, wenn er etwas mit großem Nachdruck besprach, «wenn das so zu machen wäre! Dazu gehört mehr, als wir heutzutage zu bieten haben!» – Nun verbreitete er sich über die Forderungen und Schwierigkeiten des Werkes, daß man für diese Chöre eine Thomasschule brauche, und eine, wie sie damals beschaffen gewesen, als Johann Sebastian Bach ihr Kantor war; daß auch ein Doppelorchester notwendig sei, und daß die Violinspieler von heutzutage diese Musik gar nicht mehr zu traktieren verständen. Das alles sei schon lange und vielfach bedacht, und wenn sich die Schwierigkeiten hätten aus dem Wege räumen lassen, so wären längst alle vier Passionsmusiken von Bach aufgeführt.

Er war warm geworden, stand auf, legte die Pfeife weg und schritt durchs Zimmer. Felix zupfte mich am Rock, er gab die Sache schon verloren.

Ich erwiderte nun, daß wir, namentlich Felix, diese Schwierigkeiten sehr hoch anschlügen, daß wir aber den Mut hätten, sie nicht für unüberwindlich zu halten. Die Singakademie sei durch ihn schon mit Johann Sebastian Bach bekannt, er habe den Chor so vortrefflich geschult, daß derselbe jeder Schwierigkeit gewachsen sei; Felix habe auch durch ihn das Werk kennengelernt, verdanke ihm auch die Anweisungen für seine Direktion; ich brenne vor Verlangen, die Partie des Jesus öffentlich vorzutragen; wir dürften hoffen, daß derselbe Enthusiasmus, welcher uns bewegte, bald alle Mitwirkenden ergreifen und das Unternehmen gelingen lassen werde.

Zelter war immer ärgerlicher geworden. Er hatte hie und da Äußerungen des Zweifels und der Geringschätzung eingeworfen, bei denen Felix mich wieder am Rock gezupft, dann sich allmählich der Tür genähert hatte. Jetzt platzte der alte Herr los: «Das soll man nun geduldig anhören! Haben sich's ganz andere Leute müssen vergehen lassen, diese Arbeit zu unternehmen, und da kommt nun so ein Paar Rotznasen daher, denen alles das Kinderspiel ist!»

Diesen Berliner Kernschuß hatte er mit äußerster Energie abgefeuert. Ich hatte Mühe, das Lachen zu verbeißen; hatte Zelter doch einen Freibrief für alle Grobheit, und für Christi Passion von Johann Sebastian Bach und von unserem alten Lehrer konnten wir uns wohl noch mehr gefallen lassen.

Ich sah mich nach Felix um. Der stand an der Tür, den Griff in der Hand und winkte mir mit etwas blassem und verletztem Gesicht zu, daß wir gehen sollten. Ich bedeutete ihm, daß wir bleiben müßten, und fing getrost wieder an zu argumentieren: daß, wenn wir auch jung, wir doch wohl nicht mehr so ganz unreif wären, da unser Meister uns doch schon manche schwierige Aufgabe zugemutet habe; daß gerade der Jugend der Unternehmungsmut zustehe, und zuletzt müsse es doch wohltuend für ihn sein, wenn gerade zwei seiner Schüler sich an dem Höchsten versuchten, das er sie kennen gelehrt.

Meine Argumente begannen jetzt sichtlich zu wirken, die Krisis war überstanden.

Wir wollten nur den Versuch machen, fuhr ich fort, ob das Unternehmen sich durchsetzen lasse, dies nur möge er erlauben und unterstützen; gelänge es nicht, so könnten wir immer noch, und ohne Schande, davon ablassen.

«Wie wollt ihr denn das machen?» sagte er stehen bleibend, «ihr denkt an nichts. Da ist zuerst die Vorsteherschaft, die konsentieren muß; da sind gar viele Köpfe und viele Sinne – und Weiberköpfe sind auch dabei, ja! – die bringt ihr nicht so leicht unter einen Hut!»

Ich entgegnete ihm: Die Vorsteher seien mir freundlich gesinnt, die tonangebenden Vorsteherinnen, als Mitsingende bei den Übungen im Mendelssohnschen Hause, schon gewonnen. Ich hoffte die Bewilligung des Saales und der Mitwirkung der Mitglieder wohl zu erlangen.

«Ja, die Mitglieder!» rief Zelter, «da fängt der Jammer erst an. Heute kommen ihrer zehn zur Probe und morgen bleiben zwanzig davon weg, ja!»

Wir konnten von Herzen über diesen Witz lachen, denn er zeigte uns, daß unsere Partie gewonnen war. Felix setzte dem alten Herrn nun seinen Plan mit den Vorübungen im kleinen Saale auseinander, sprach ihm von der Zusammensetzung des Orchesters, das Eduard Rietz führen sollte, und da Zelter schließlich keine praktischen Bedenken mehr vorbringen konnte, so sagte er: «Na, ich will euch nicht entgegen sein – auch zum Guten sprechen, wo es not tut. Geht denn in Gottes Namen daran, wir werden ja sehen, was draus wird!»

So schieden wir dankbar und als gute Freunde von unserem alten, wackeren Bären.

«Wir sind durch!» sagte ich auf der Hausflur. – «Aber höre», erwiderte Felix, «du bist eigentlich ein verfluchter Kerl, ein Erzjesuit!» – «Alles zur höheren Ehre Gottes und Johann Sebastian Bachs», entgegnete ich, und wir jubelten draußen in die Winterluft hinaus, da nun der wichtigste Schritt gelungen war.

Alles andere machte sich nun leicht. Die Schwierigkeiten verschwanden wie Gespenster, denen man zu Leibe rückt. Die Vorsteherschaft willigte unbedenklich in alle unsere Wünsche; die erste Chorübung im kleinen Saale hatte schon doppelt so viele Teilnehmer als im Mendelssohnschen Hause, und sie wuchsen von einer Übung zur andern dergestalt, daß der Kopist nicht hinlänglich Stimmen schaffen konnte und wir auch schon nach der fünften Übung in den großen Saal gehen mußten. Man darf hierbei nicht vergessen, daß die große Zahl der Akademiemitglieder, welche, gelockt von dem merkwürdigen Unternehmen, zu diesen ersten Übungen kamen, nach Zelters Voraussage alle nicht wiedergekommen wären, wenn es nicht gelang, sie gleich bei der ersten Zusammenkunft zu gewinnen und zu fesseln.

Darum nahm Felix sofort – und wiederholte das in den ersten Vorübungen – nicht vereinzelte Stücke, etwa die leichten zuerst, sondern eine bestimmte Gruppe der Komposition zum Studienobjekte, übte die Chöre sogleich mit unerbittlicher Genauigkeit bis zu ihrem vollen Ausdruck und gab dadurch den Singenden einen ganz vollständigen Eindruck von der Besonderheit des Werkes. Seine Erklärungen und Anweisungen waren präzis, kurz und ebenso übergewichtig als jugendlich bescheiden vorgebracht.

Mehrere Male saßen wir indessen beide beisammen, die Abkürzung der Partitur für die Aufführung zu überlegen. Es konnte nicht darauf ankommen, das Werk, das doch auch durch den Geschmack seiner Zeit vielfach beeinflußt war, in seiner Vollständigkeit vorzuführen, sondern den Eindruck seiner Vorzüglichkeit zusammenzuhalten. Die Mehrzahl der Arien mußte weggelassen, von anderen konnten nur die Einleitungen, die sogenannten Accompagnements, erhalten werden; auch vom Evangelium mußte fortbleiben, was nicht zur Passionserzählung gehört. Oft genug waren wir zwiespältiger Ansicht, denn es galt eine Gewissensaufgabe; aber was wir schließlich festgestellt, scheint doch das Rechte gewesen zu sein, da es späterhin bei den meisten Aufführungen angenommen worden ist.

Es wurde nun Zeit, die Solosänger einzuladen. Wir beschlossen, vereint die Runde zu machen, und Felix war kindisch genug zu verlangen, daß wir dazu ganz gleich gekleidet sein sollten. Blauer Rock, weiße Weste, schwarzes Halstuch, schwarze Pantalons, und dazu hellgelbe Handschuhe von Wildleder, die damals gebräuchlich waren. In dieser Passionsuniform gingen wir denn – nachdem uns Therese, der die Sache sehr feierlich war, eine Festschokolade gegeben, die Felix liebte – sehr vergnügt unseres Weges. Wir besprachen den wunderlichen Zufall, daß gerade hundert Jahre seit der letzten Leipziger Aufführung vergangen sein mußten, bis diese Passion wieder ans Licht komme. – «Und», rief Felix übermütig, mitten auf dem Opernplatze stehen bleibend, «daß es gerade ein Komödiant und ein Judenjunge sein müssen, die den Leuten die größte christliche Musik wiederbringen!»

Felix vermied sonst entschieden, seiner Abstammung zu gedenken; hier riß ihn das Frappante der Bemerkung und die fröhliche Stimmung hin.

«Du führst das Wort und ich mache nur die Reverenzen dazu», sagte Felix vor der ersten Tür, wo wir ansprachen. Wir hatten beides wenig nötig, die vier ersten Talente unserer Oper waren zur Mitwirkung ganz bereit. Ihr Hinzutreten zu den Proben, die Vollendung, die das Werk nun gewann, gab den Studien neues Interesse. Musiker und Kenner drängten sich zu den Proben, um die Komposition genauer verstehen zu lernen. Man staunte, nicht sowohl über die Großartigkeit des Baues, sondern mehr über die Fülle der Melodien, über den reichen Ausdruck der Empfindung, der Leidenschaft, über die eigentümliche Deklamation und über die Wucht der dramatischen Wirkungen. Von alledem hatte man ja dem alten Bach nichts zugetraut.

Aber was Felix getan hat, diese Eigenschaften des Werkes ans Licht zu kehren, seinen Wunderbau in seiner ganzen Pracht erkennen zu lassen, das ist ebenso denkwürdig, wie die ganze folgenreiche Unternehmung. Die Genialität der Auffassung, mit der er sich des Werkes bemächtigt und es zum heiligsten Eigentum gemacht hatte, das war nur die Hälfte seines Verdienstes. Mit welcher Geschicklichkeit, Energie, Ausdauer und kluger Berechnung seiner Mittel er das antiquierte Werk wieder modern, anschaulich und lebendig gemacht hat, das muß man miterlebt haben, um den zwanzigjährigen Jüngling danach in der Bedeutung seiner Fähigkeiten und ihrer frühen Reife zu schätzen. Er hat in seinem ganzen Leben kein größeres Meisterstück der Direktion geliefert, als dieses erste und vielleicht schwierigste.

Die großen Proben waren durch Zelters autoritätverleihende Gegenwart gehoben, aber solange das Orchester nicht dabei war, hatte Felix mit der ganzen Arbeit der Direktion und der Flügelbegleitung fertig zu werden, was bei den so vielfach rasch einschlagenden Chorsätzen von verschiedenen Rhythmen überaus schwierig war; wobei denn das Kunststück durchgeführt werden mußte, mit der linken Hand die ganze Begleitung zu erzwingen, während die rechte den Taktstock schwang.

Als das Orchester hinzutrat, ließ Felix – weil das damalige Konzertdekorum dem Dirigenten noch nicht erlaubte, die Rückenstellung gegen das Publikum einzunehmen, die ihm im Opernorchester immer erlaubt war – den Flügel in die Quere, zwischen die beiden Chöre, stellen, wodurch er freilich den ersten Chor im Rücken hatte, aber doch den zweiten und das Orchester im Auge. Dieses bestand größtenteils aus Dilettanten des philharmonischen Vereins, nur die Führer der Streichinstrumente und die Bläser gehörten der königlichen Kapelle an. Die letzteren waren auf der Höhe der amphitheatralischen Aufstellung durch die drei geöffneten Türen bis in den kleinen Saal hinausgerückt. Eduard Rietz war der Anker, der dieser schwankenden Körperschaft festen Grund verlieh.

Diese schwierige Situation beherrschte der Neuling Felix mit einer Ruhe und Sicherheit, als ob er schon zehn Musikfeste dirigiert hätte. Die feine und anspruchslose Weise, in welcher er durch Miene, Kopf- und Handbewegung an die verabredeten Schattierungen des Vortrags erinnerte und ihn so mit leiser Gewalt beherrschte; die gelassene Sicherheit, mit welcher er bei Generalprobe und Aufführung, sobald große Stücke von gleichmäßiger Bewegung ganz im Zuge waren, kaum merklich nickend, als wollte er sagen: «Nun geht es gut und ohne mich!», den Taktstock sinken ließ und mit der verklärten Miene zuhörte, die ihn beim Musizieren seltsam verschönte, gelegentlich mir mit den Augen zuwinkend, bis er wieder vorausempfand, daß es nötig sei, den Taktstock zu gebrauchen – alles das war bewunderungswürdig.

Wir hatten oft über musikalische Direktion disputiert. Mich störte – und stört mich heute noch – das unausgesetzte, notwendig mechanisch werdende Taktieren der Dirigenten. Die Musikstücke werden damit förmlich durchgefuchtelt. Ich hielt es immer für angemessen, nur da zu taktieren, wo schwierige Stellen oder zu fürchtende Schwankungen der Aufführung es nötig machten. Die Aufgabe aller Direktion ist doch wohl: sich möglichst vergessen zu machen. Felix nahm sich vor, mir zu zeigen, wie weit man darin gehen dürfe, und er zeigte es bei der Passionsaufführung in der vollendetsten Weise.

Ich erinnere mich dessen mit um so mehr Befriedigung, als man in neuerer Zeit das merkwürdige Hantieren des Dirigenten zu einem Hauptreiz von Musikaufführungen gemacht hat.

Zu dem bahnbrechenden Einfluß, den Johann Sebastian Bach auf die Musik der Neuzeit durch die «Matthäuspassion» gewinnen sollte, gehörte es allerdings, daß die erste Wiederaufführung so vollkommen gelang, als dieses am 11. März 1829 geschah; sie ist um dessentwillen denkwürdig. Die Singakademie leistete mit diesen Chören das Trefflichste, was sie je vermocht hatte, und wer den Stimmklang dieser drei- bis vierhundert hochgebildeten Dilettanten gehört hat, wer es erfahren hat, zu welch wirklich andächtigem Eifer bedeutende Musik sie hinreißen konnte, der wird begreifen, daß hier unter vollendeter Führung das Vollendete geleistet wurde.

Stümer sang den Evangelisten mit der wohltuendsten Korrektheit, ganz im Tone des Erzählers, ohne sich im Empfindungsausdruck des zweiten Teils den unmittelbar redenden dramatischen Gestalten gleichzustellen. Auch die Arie «Ich will bei meinem Jesu wachen» hatte er übernommen, da sie zu hoch für Bader lag, der in seiner anspruchslosen Willigkeit, mitzuhelfen, den Petrus und den Pilatus sang. Die Damen brachten ihre rührenden Stücke zu voller Wirkung: die gewinnende Stimme der Milder, zumal das Accompagnato «Du lieber Heiland du», der vollquellende Ton des Fräuleins von Schätzel die Arie «Erbarme Dich mein Gott!», von Eduard Rietz mit seinem großen vollen Ton im stilvollen Ausdruck begleitet, ein Bußgesang ohnegleichen.

Ich meines Teils war mir bewußt, daß der Eindruck, den der Vortrag des Jesus hervorbringt, wesentlich über den Eindruck des ganzen Werkes entscheidet. Mir galt es als die größte Aufgabe, die einem Sänger werden kann. Mich beruhigte, daß die Partie gut in meiner Stimme lag, daß ich sie lange mit Felix und zu seiner vollen Befriedigung studiert hatte, und so konnte ich, getragen von dem Total der Aufführung, aus voller Seele singen, und fühlte, daß die andächtigen Schauer, die mich bei den eindringlichsten Stellen durchrieselten, auch durch die totenstillen Zuhörer wehten.

Nie habe ich eine heiligere Weihe auf einer Versammlung ruhen gefühlt, als an diesem Abend auf Musizierenden und Zuhörern.

Der Vorgang machte zunächst in dem Bildungskreise Berlins eine ganz außerordentliche Sensation. Man fühlte die epochemachende Konsequenz dieses Wiederauflebens der populären Wirkung eines halb vergessenen Genies. Wir mußten eine zweite Aufführung am 21. März veranstalten, die überfüllt war, wie die erste. Die beiden Einnahmen dienten zur Stiftung zweier Nähschulen für arme Mädchen. – Zelter wiederholte sie, nach Felix' Abreise, am Karfreitag, den 17. April, anstatt des gewohnten «Tod Jesu» von Graun.

Wie der Eindruck dieser Aufführungen bald ähnliche in anderen Städten hervorgerufen, wie man sich an anderen Passionsmusiken von Bach, besonders an der nach dem Evangelisten Johannes versucht, dann die Aufmerksamkeit auf die Instrumentalmusik des alten Meisters gewendet, sie herausgegeben, zu Konzert-Bravourstücken gemacht usw., das alles ist der heutigen Musikwelt bekannt. Sie sollte aber nie vergessen, daß dieser neue Bach-Kultus vom 11. März 1829 datiert, und daß Felix Mendelssohn es war, welcher den größten und tiefsinnigsten Komponisten wieder in lebendige Wirkung gesetzt hat.

Eduard Devrient

«HÄTTE DOCH DER ALTE BACH UNSRE AUFFÜHRUNG HÖREN KÖNNEN!»

Unsre Bachsche Musik ist gestern glücklich vonstatten gegangen, und Felix hat einen straffen, ruhigen Direktor gemacht. Der König und der ganze Hof sah ein komplett volles Haus vor sich; ich hatte mich mit einer Partitur neben dem Orchester in ein Winkelchen gesetzt, von wo aus ich mein Völkchen beobachten konnte und das Publikum zugleich.

Über das Werk selber wüßte ich kaum zu reden. Es ist eine so wunderbar sentimentale Mischung von Musik im allgemeinen, den Sinn der Sache in der Idee aufzubauen, daß das Wort des Dichters selbst zur Idee wird. Meldeten sich nicht hin und wieder melodische Ähnlichkeiten mit neueren deutschen Opernkomponisten, wie zum Exempel mit Gluck und Mozart, wodurch man wieder auf unsre Zeit für einen Moment zurückkommt, so dürfte man sich zwischen Himmel und Erde und zugleich dreißig Jahre älter fühlen. Und das mag es sein, was diese Musik im allgemeinen kaum ausführbar macht.

Hätte doch der alte Bach unsre Aufführung hören können! Das war mein Gefühl bei jeder gutgelungenen Stelle; und hier kann ich nicht unterlassen, meinen sämtlichen Jüngern der Singakademie, wie den Solosängern und dem Doppelorchester das größte Lob zu spenden. Man könnte sagen, das Ganze wäre ein Organon, worin jede Pfeife mit Vernunft, Kraft und Willen begabt sei, ohne Zwang, ohne Manier.

Da ist kein Duett, keine Fuge, kein Anfang, kein Ende und doch alles wie eins, und jedes am Orte, was es allein und zusammen ist. Eine wunderbar dramatische Wahrheit ergibt sich: Man hört die falschen Zeugen, das ist, man sieht sie auftreten; die Hohepriester: «Es taugt nicht usw., es ist Blutgeld», und die Turba: «Ja nicht auf das Fest usw.», und die Jünger, wahre, ehrliche Jungens, Lumpe: «Wozu dienet dieser Unrat?» Es scheinen ganz eigne Töne zu sein, die man noch nicht kannte, aber erkennen muß. Dann dazwischen das herzliche Leid um den edlen Menschen-

sohn, den Freund, den Ratgeber, den Helfer, den
Bescheider usw.

Daß das nun alles neu und natürlich ist, be-
merkt sich daran, daß es nicht allein gern vernom-
men und danach gegriffen wird, auch daß man es
gleich noch einmal und wieder und wieder vernehmen
men und zuletzt begreifen möchte und es ein Guß
ist, wie zerstreut auch die Handlung sich im Text-
buch gestaltet.

Carl Friedrich Zelter an Goethe,

12. März 1829

WEIHNACHTEN 1744

*Wenn auch seinem großen Werk zunächst die ihm
gebührende Aufmerksamkeit offensichtlich versagt
blieb, so waren die Jahre vor und nach Entstehen
der Matthäuspassion doch wohl Bachs glücklichste
Zeit – obwohl nicht frei von Schicksalsschlägen.*

*Nicht nur daß sieben der dreizehn Kinder, die
Anna Magdalena ihm gebar, starben, der älteste
der überlebenden Söhne, Gottfried Heinrich, war
geistig zurückgeblieben. Um diesen Sohn rankten
sich schon bald Legenden: So sei Bach angeblich
oft zu Tränen gerührt gewesen, wenn «David» – so*

nannte ihn die Fama – am Klavier improvisierte.
Obwohl Bach nie einen Sohn dieses Namens hatte,
ist dieser «David» in der Bach-Literatur präsent
und tritt auch in Brachvogels Roman über den
vielleicht begabtesten der Bach-Söhne Friedemann
Bach *(1710–1784) – einem «Sorgenkind» ganz an-*
derer Art – neben den historisch verbürgten Figu-
ren auf.

Friedemann war ins Haus der Eltern zurückge-
kehrt. [Er war seit 1733 Organist der Sophienkir-
che in Dresden; 1746 sollte er als Organist nach
Halle gehen.] Aber welche Zukunft hatte er?
Wenn man über dreißig Jahre hinaus ist, beginnt
man schwer eine neue Bahn; was bis *dahin* der
Künstler nicht errang, wenn er bis dahin, dem Irr-
lichte gleich, umherschwankte, was will er noch
erringen, wenn der Stern des Lebens zum Nieder-
gange sich schon wendet?

Sebastian Bach hatte für den Sohn keine wahre
freudige Hoffnung mehr. Die hohen Vorausset-
zungen alle, die er von seinem Talent gehegt, die
Prophezeiung: daß er in ihm sich größer, prächti-
ger am Abend seines Lebens wieder erstehen sehen würde, hatte er längst aufgegeben.

Friedemann fehlte die Freiheit des musikalischen Gedankens, die Begeisterungsglut. Er arbeitete korrekt, geistvoll und mit Geschmack, aber
weil sein Herz ohne Poesie der Liebe, ohne Größe

der Entsagung, ohne jenen lächelnden Schmerz war, der uns am Ende über uns selbst erhebt und schöner macht, mangelte seinen Tongebilden der Duft, die Weihe, jene glühende Seele, die das Kunstwerk zu einem leibhaftigen Individuum macht. Ätzend und bitter waren seine Gefühle, glühend und verzehrend seine Wünsche geworden, und nicht der hohe Enthusiasmus, sondern der wunde Stolz war's, der ihn zum Schaffen trieb.

Friedemann wollte mit Gewalt sein verlorenes Leben wieder erobern, wollte den Lorbeer erstürmen – darum brachte er es zu nichts. Wenn es ihm schon früher nicht möglich gewesen war, sich, gleich dem Vater, in kindlich frommer Unterordnung an den Evangelientext mit orthodoxer Strenge anzuklammern, wenn schon in den Tagen des Glücks seine Imagination der Schranke des Bibelworts spottete, wie wollte er jetzt, wo seine ganze Stimmung ein empfindliches Sonderleben erzeugte, die Objektivität und Selbstentäußerung erlangen, die vor allen Dingen erforderlich war, wenn er dem Vater nur annäherungsweise ähnlich werden wollte. Er brachte es zu nichts.

Oder doch ja! – Es gab noch einzelne Momente in ihm, wo der Vater aufjauchzte vor Entzücken, Momente, wo aus der Tiefe seiner verschleierten Seele Geister stiegen und durch die Lüfte schritten wie Boten einer namenlosen Welt. Geister des Lichts, Dämonen der Nacht, lächelnde Freudenlaute, dumpf grollender Schmerz. Friedemann Bach war noch auf der *Orgel* groß, groß in der *Improvisation.* Es waren Goldkörner, in die Luft gestreut, blitzend im Sonnenstrahl, ins Leere verweht von der entflatternden Minute. Und selbst diese kurzen Augenblicke der Weihe wurden immer seltener, hörten bald ganz auf, denn der Oberorganist in Leipzig, «das musikalische Hornvieh», wie ihn Sebastian nannte, ohnehin eifersüchtig auf des «Kantor Bachs» Ruf, geriet über Friedemanns Orgelspiel außer sich, und wußte diesen zweiten Konkurrenten durch allerlei kleinliche Scherereien endlich ganz vom Chor zu treiben.

So lächerlich an und für sich, war's für Friedemann doch schlimm genug, denn auch der Enthusiasmus will geübt und gepflegt sein. Kann der Geist sich nicht auf allen seinen Bahnen ausbreiten, so wird er leicht kurzatmig und verliert die elektrische Frische und Vielfarbigkeit der Einbildung. Auch die Psyche wird am Ende eintönig und tritt ins Greisentum. Dies alles sah der Vater sehr wohl und stimmte seine Anforderungen sehr herab.

Wie nun leider die Sachen einmal standen, war's also nicht zu verwundern, daß, trotz der engsten Berührung, das ehemals so glücklich bestandene Verhältnis zwischen Vater und Sohn litt. Friedemann, der wohl fühlte, daß er nicht mehr der Stolz des Vaters sei, war leicht verletzlich geworden, und so sehr Sebastian seinen Ältesten liebte und dessen Fehler entschuldigen mochte, so war er doch viel zu sehr Künstler, als daß sich sein Herz nicht unbewußt vornehmlich nun zu Emanuel, seinem zweiten, sonst für weniger begabt gehaltenen Sohne, wenden mußte, welcher hochgeehrt und geachtet den Hof Friedrichs II. schmückte und sich neben einem Quanz, Graun und Salimbeni zu behaupten verstand.

Friedemann fühlte, daß er den Vater täglich mehr verlor, und das machte ihn noch elender und zerrissener. Einen Engel hatte er indes zur Seite, Anna Magdalena, seine Stiefmutter, die seine wunde Seele liebend an sich preßte, alle Unebenheiten zwischen Vater und Sohn auszugleichen suchte und so einen offenen Zwiespalt verhinderte. Die peinliche Schweigsamkeit im Hause, die gedrückte Stimmung konnte sie nicht verbannen ...

Das Häuschen, sonst zu eng für das bunte Durcheinander lieber Wesen, wurde jetzt erstaunlich weit. Es war, als müßte man enger zusammenrücken, um sich nicht zu bangen. So eng saßen sie nun auch immer, und trotzdem war das Gespräch nicht mehr leicht flüssig wie ehemals.

Um sich vor dieser fremden Unheimlichkeit ringsum zu schützen, arbeitete Sebastian rastlos, fast übermenschlich. Nie hat er mehr komponiert als in dieser Zeit, und soeben begann er sein ewig

schönes Werk, das allein eine ganze Unsterblichkeit wert war: die Kunst der Fuge. In ihr legte er
alle Erfahrungen seines Tonlebens nieder, und
wenn Lessing in seiner Dramaturgie der Lehrer
aller Dichter geworden, ward Sebastian allein
schon in diesem Werke der Vater der deutschen
Musik. In diesem stillen Hause bestand aber noch
ein anderes Verhältnis, das die Eltern weder stören
wollten noch konnten ... Friedemann, der sich in-
nerlich so entsetzlich verwaist fühlte und doch etwas haben mußte, um nicht zu verzweifeln, widmete seinen ganzen Rest von Liebe dem armen
blödsinnigen David, der nun zehn Jahre alt war,
und das unglückliche Kind, sonst stumpf und trü-
be, sonst zu jeglicher Fähigkeit des Lernens, jeder
Regung menschlicher Selbsttätigkeit ungeschickt,
hing mit fanatischer Liebe an dem älteren Bruder.

Friedemann füllte seine Freistunden damit aus,
das Kind auf seinem Schoß zu halten, mit ihm zu
spielen, und wenn er ihm ein Lied vorsang oder
auf dem Instrument spielte, verklärte sich das Ant-
litz des blöden Kleinen, und sie traten zusammen
in eine Art magnetischen Rapports, der wunderbare Resultate lieferte. David sprach wenig und
sehr verworren, wenn aber Friedemann mit ihm
verkehrte, seine flackernde Psyche in die Stimmung des Liedes bannte, schien in dem Knaben
ein anderer, ekstatisch-geistiger Zustand zu erwachen, wo die Brüder sich durch die Empfindungen

zu verstehen schienen, wo sich die Sehnsucht des Kindes mit der des Mannes vermählte und eine Vernunft ausstrahlte, die nicht von dieser Welt zu sein schien.

David konnte die einfachsten Elemente des Lebens nicht fassen, begriff weder Lesen, Schreiben noch Rechnen, eigentlicher Musikunterricht schien unangewendet bei ihm, und einige einfache Akkorde waren alles, was ihm Friedemann mit vieler Mühe beibringen konnte. Und doch, ohne Kenntnis der Musik, ohne alle Technik leistete David Dinge auf dem Instrument, die den Zuhörer mit Erstaunen und Entsetzen erfaßten. Wenn Friedemann mit ihm getändelt, ihn geherzt hatte und gewissermaßen eine gemeinsame Stimmung in ihnen lebte, führte er ihn ans Klavier und schlug ein paar Akkorde oder Tonfiguren an. Es war, als wenn er eine Frage an das Kind richtete. Dann, ihn starr ansehend, lächelnd, nickend, brachte David die kleinen Hände auf die Klaves und suchte das Gegebene zu haschen. Verworren, unklar zitterten dissonierend die Töne durcheinander, aus deren Chaos sich aber eine Melodie als Antwort schwang, die die Herzen der Hörer zittern machte. Und wieder fragte der Bruder durch den Ton, und wieder antwortete der Kleine, modulierte das Thema, kehrte es um, sprang in Moll und Dur über und plauderte in nie gehörten Zungen mit dem Freunde seiner Seele. Eine neue, geisterhafte

Sprache war's zwischen beiden, ein Verständnis, das über die Logik irdischen Verstandes ging, dem die Eltern mit zitternden, erschrockenen Herzen lauschten und zum Gebet flüchteten, weil ihnen dies Rätsel unerklärbar blieb.

Es war am Morgen des Weihnachtsabends. Die Tage sind noch erstaunlich kurz. Eh man recht in die Arbeit hineinkommt, ist's schon finster, und doch brauchen Vater und Sohn das Tageslicht gar nötig zu ihrer Arbeit. In der Wohnstube saßen Friedemann und Sebastian an einem Tisch, der ans Fenster gerückt war. Jeder von ihnen hatte eine glänzende Kupferplatte vor sich, der ein altes Fensterkissen zur Unterlage, gewissermaßen zum Drehpunkt diente, und der blanke stählerne Stichel grub, rastlos hin und her fahrend, nach dem vorliegenden Manuskripte Noten auf Noten, Takte, Intervalle und Kadenzen auf die vorgerissenen Notensysteme. Sebastian Bach, zu arm, um die Arbeit von einem Graveur anfertigen zu lassen, zu wenig der modernen Musik huldigend, um einen Verleger zu finden, Sebastian Bach sticht mit seinem Sohne seine Kunst der Fuge mühevoll selbst in Kupfer, damit die große Arbeit seines Lebens nicht vergehe.

Ein bitterer Zug schwebt um des Alten Mund. Ha ja, er ist kein Hasse, kein Rameau, kein Couperin oder Chiabran, der Opern schreibt oder süße Kanzonetten, da ist's kein Wunder! Wer Teufel soll Kirchenmusik kaufen oder anhören? Das Jahrhundert schickt sich langsam an, den Herrgott aus dem Weltall zu streichen, wo soll da Geschmack an seinen Hymnen herkommen? Der Alte trägt eine grüne Brille. Siehst du, wie ihm die Augen tränen? Der grellblendende Schein des Kupfers brennt ihm in die Augen, und ehe es ihm gelingen mag, seine flüchtigen Tongeister für die Nachwelt in Erz zu fesseln, wird er blind.

Die stille Anna Magdalena putzt in der Unterrichtsstunde den Christbaum auf. Friedrich und Christian sind noch in der Schule, David sitzt auf der Erde und spielt mit Papierschnitzeln, die er in die Luft wirft. Er läßt «Täubchen fliegen».

«Wie mag's dem Altnikol [Johann Christoph A., 1719–1759, Komponist und Schüler Bachs] und der Friederike [Tochter Bachs, 1726–1781] in Naumburg gehen?» sagte der Vater, der seine Arbeit unterbrach, die Brille wischte und dann das stumpfe Instrument schliff. «Sie haben lange nicht geschrieben, ich hab' schon gedacht, daß sie zu Weihnachten nach Leipzig kommen würden.»

«I, wie soll's denen anders als gut gehen», sagte Friedemann, ohne aufzusehen. «Die haben ihren eigenen Herd, ihre gute Stellung, sie mögen sich's wohl sein lassen!» Der Vater sah ihn an, und das Gespräch war schon wieder zu Ende.

Jedesmal, wenn von was anderem die Rede war, als von der Arbeit, schlossen die Geister des Neides und Schmerzes, die heulend im Sohne aufstiegen, dem Vater die Lippen. Selbst der unschuldigste Austausch ward dadurch verbittert. Der Vater legte endlich mit einer entschlossenen Gebärde den Stichel weg.

«Friedemann, das geht nicht länger! Dein Unglück macht dich neidisch und schlecht. Du hängst deiner trüben Stimmung zu störrisch nach und wirst dich immer mehr deinen Mitmenschen entfremden. Wenn du die rechte Religion hättest, würdest du wissen, daß Gott am Ende alles wohl macht und man sein Kreuz ruhig tragen muß. Wenn du wirklich fromm wärest, würdest du im Gottvertrauen Kraft finden, dich erheben aus deiner Betrübnis zur Hoffnung, und die würde dir Kraft geben, fröhlich zu arbeiten!»

«Aber, lieber Vater, geb ich mir nicht möglichst Mühe? Was soll ich denn noch machen in aller Welt!?»

«Das bloße Mühegeben, Friedemann, hilft dir nichts. Du quälst dich ab und willst die Arbeit *erzwingen,* drum glückt dir's nicht. Ohne innere Freudigkeit, ohne Hoffnung ist jedes Kunstwerk schon in der Geburt tot. Ach, ich seh's immer klarer ein, daß dir der eigentliche Grund und Boden der Gottesgläubigkeit fehlt, der freudige Knechtesgeist, der aus der eigenen Demut Kraft zum Schaffen gewinnt. Heut ist unser Heiland geboren, der das arme Menschengeschlecht erlöst hat. Ach, wenn mir Gott die Freude schenkte, daß in dir auch so ein Heiland aufstände, der dich von dir selber frei machte, der dir ein neues Herz gäbe und einen neuen Mut, dann, lieber Sohn, würd’ es auch gehen, glaub’ mir’s. Wir alle und du selber würdest Freude an dir haben!»

Ihm trat unwillkürlich das Weinen an, und er preßte den Sohn stumm an sich. Es war ein letzter Notschrei des Vaterherzens. Friedemann wollte es die Brust sprengen. Sanft schob er den Alten beiseite.

«Wart einen Augenblick, lieber Vater, ich komme gleich wieder.»

Er eilte hinaus , um seine ausbrechende Bewegung zu verbergen.

Sebastian blieb mit seinen wehmütigen Gedanken allein. David spielte sorglos und still zu seinen Füßen, und wie zum Gebet der Verzweiflung preßte der alte Mann die Hände zusammen und richtete seinen brennenden Blick durch das Fenster auf den grauen Himmel, in dem Schneeflokken spielten. Kurz darauf trat Friedemann leise ein. Er war sehr blaß und hielt ein Notenblatt in der Hand.

«Lieber Vater, ich hab einen letzten Versuch gemacht. Ich wollt dir’s eigentlich heute abend schenken, aber da dir und mir so weh ist, denk ich, ist’s jetzt vielleicht besser.»

Sebastian drückte ihm die Hand. Zitternd und

gepreßt nahm er die Komposition, argwöhnisch entrollte er das Papier. O Gott, die Furcht vor falscher Hoffnung lag in seinen Zügen. Das Auge des Sohnes hing an seinem Gesicht, wie wenn ein Todesurteil von den Lippen des Vaters fallen solle. Sebastian ward feuerrot. Bald blickte er auf Friedemann, bald das Papier an, als träumte er.

«Ach, 's ist wohl schlecht, Vater?»

«Schlecht?! Bist du toll? Nein, Herzensjunge, gut is't's! So gut und schön is't's, daß ich, nimm mir's nicht übel, noch gar nicht begreife, daß du das gemacht hast!!» und eine selige Freude, der alte Stolz auf seinen Friedemann zog wieder mit Jubelsängen in Sebastians Herz.

Wie ein Kind lachend und schluchzend, preßte er den Sohn an sich und stürmte, das Notenblatt hoch emporhaltend, hinüber zur Mutter.

Friedemann war wie neugeboren. Die Sonne des alten Selbstvertrauens schien wieder auf sein wundes Gemüt, und leise öffnete die Hoffnung ihre Tempelpforten, durch die verstohlen und schämig seine zitternde Seele trat.

Er folgte dem Vater. Da, in der Unterrichtsstube, saß schon der Alte am Klavier und spielte die Introduktion, und Mutter Magdalena sang mit ihrer lieben Stimme die Hymne, die wie ein Gebet emporzog zum Allvater.

Kein Hälmlein wächst auf Erden,
Der Himmel hat's betaut,
Und kann kein Blümlein werden,
Die Sonne hat's erschaut.
Wenn du auch tief beklommen
In Waldesnacht allein,
Einst wird von Gott dir kommen
Dein Tau und Sonnenschein.
Dann sproßt, was dir indessen
Als Keim im Herzen lag,
So ist kein Ding vergessen,
Ihm kommt ein Blütentag.

Die Mutter war außer sich vor Freude, lachte und
weinte zusammen, und der Vater spielte und
summte die Hymne immer wieder und konnte
sich nicht zufriedengeben. Endlich sprang er auf.

«Sag, Herzenssohn, wo hast du in aller Welt das
schöne Gedicht her? Und wie herrlich die Musik
ist!»

«Ich hab das Gedicht auch selber gemacht, lieber Vater!»

«Oh, siehst du wohl, Mutter, es ist doch noch
die alte Kraft in ihm. Das ist ihm so recht aus der
Seele gekommen, ist so ein Stück von ihm selber,
drum ist's so prächtig und mächtig geworden! I,
nun sei auch wieder unverzagt, Herzensfriede,
und nicht mehr mürrisch, der alte Herrgott lebt
immer noch und hat dir heut das echte, schönste

Christkind geschickt, den innern Erlöser, ohne den wir im Leben einmal nicht bestehen können.»

Und so war es auch. Friedemann lächelte wieder, die alten seligen Geister der Liebe, das rosige Selbstvertrauen mit seinem zaghaften lächelnden Blick war in ihm eingezogen. Christfest ist heute, jubelte es wieder im Hause, wie ehemals. «Christfest!» ertönte es mit befreundeten Stimmen, und die liebe Friederike, zwei blonde Rangen an der Hand und den fröhlichen Altnikol hinter sich, stand an der Schwelle.

«Herein, herein!» rief der selige Sebastian, «daß mein Haus voll werde!» Und Gruß und Kuß, Jubel und Tränen mischten sich in eins; denn es war doch wieder einmal wie sonst. Die Tage des Leides sanken ins Vergessen vor den Stunden der Freude, vor dem Hoffen auf glückliche Tage.

Und noch einmal tat sich die Tür auf, und herein trat Wietzler mit einer Deputation der Sozietät der musikalischen Wissenschaften und überreichte ihm das Ehrenmitgliedsdiplom im Namen der gesamten Musiker.

«Weiß Gott, Mutter, wenn einem der Himmel einmal Freude schickt, tut er's auch gleich recht, und ich muß ihm danken dafür und den Tag loben und preisen, wo ich, nach langem Kummer, wieder einmal so aus Herzensgrunde selig sein kann. Und du sollst auch helfen, Friedemann. Komm, sinn nach. Wir wollen ein Christlied machen, und das soll die Sozietät gleich von mir haben, damit sie doch weiß, was sie für ein Mitglied kriegt. Komm, Herzenssohn!»

Es war Abend. Der Christbaum flammte in buntem Märchenschimmer, die holde Sage von der Liebe, die aus dem Himmel niederstieg zur Welterlösung und Befreiung, zum Brudertume der entzweiten Welt, wob ihre goldenen Netze wieder um die schmachtenden Herzen der trüben Menschenkinder. Da, am Instrument, unter dem magischen Glitzerschein des Tannenbaums, in flammender Begeisterung saß der greise Sänger, rings um ihn Weib, Kind und Kindeskind, und alle sangen das Christlied:

> Vom Himmel hoch, da komm ich her,
> Ich bring euch neue frohe Mär,
> Der guten Mär bring ich so viel,
> Davon ich singen und sagen will.
> Euch ist ein Kindlein heut geboren.

Der alte Christussänger schläft längst im Lande des Friedens, und noch immer rauschet sein unvergängliches Lied, und unsere Herzen werden jung und neu, wenn's in der Christnacht von der Orgel braust: «Vom Himmel hoch, da komm ich her.»

A. E. Brachvogel

Dieses bewunderungswürdige Werk besteht aus dreißig Veränderungen, worunter Canones in allen Intervallen und Bewegungen vom Einklang bis zur None mit dem faßlichsten und fließendsten Gesange vorkommen. Auch ist eine reguläre vierstimmige Fuge und, außer vielen anderen höchst glänzenden Variationen für zwei Klaviere, zuletzt noch ein sogenanntes Quodlibet darin enthalten, welches schon allein seinen Meister unsterblich machen könnte, obgleich es hier bei weitem noch nicht die erste Partie ist.

Dieses Modell, nach welchem alle Variationen gemacht werden sollten, obgleich aus begreiflichen Ursachen noch keine einzige darnach gemacht worden ist, haben wir der Veranlassung des ehemaligen russischen Gesandten am kursächsischen Hofe, dem Grafen von Kayserling, zu danken, welcher sich oft in Leipzig aufhielt und Johann Gottlieb Goldberg (geboren um 1730 in Königsberg) mit dahin brachte, um ihn von Bach in der Musik unterrichten zu lassen.

Der Graf kränkelte viel und hatte dann schlaflose Nächte. Goldberg, der bei ihm im Hause wohnte, mußte in solchen Zeiten in einem Nebenzimmer die Nacht zubringen, um ihm während der Schlaflosigkeit etwas vorzuspielen. – Einst (1742) äußerte der Graf gegen Bach, daß er gern einige Klavierstücke für seinen Goldberg haben möchte, die so sanften und etwas munteren Charakters wären, daß er dadurch in seinen schlaflosen Nächten ein wenig aufgeheitert werden könnte.

Bach glaubte, diesen Wunsch am besten durch Variationen erfüllen zu können, die er bisher, der stets gleichen Grundharmonie wegen, für eine undankbare Arbeit gehalten hatte. Aber so wie um diese Zeit alle seine Werke schon Kunstmuster waren, so wurden auch diese Variationen unter seiner Hand dazu. Auch hat er nur ein einziges Muster dieser Art geliefert. Der Graf nannte sie hernach *seine* Variationen. Er konnte sich nicht satt daran hören, und lange Zeit hieß es nun, wenn schlaflose Nächte kamen: «Lieber Goldberg, spiele mir doch eine von meinen Variationen!»

Bach ist vielleicht nie für eine seiner Arbeiten so belohnt worden wie für diese. Der Graf machte ihm ein Geschenk mit einem goldenen Becher, welcher mit hundert Louisdor angefüllt war. Allein ihr Kunstwert ist dennoch, wenn das Geschenk auch tausendmal größer gewesen wäre, damit noch nicht bezahlt.

J. N. Forkel

Bachs zweiter Sohn, Carl Philipp Emanuel, kam im Jahr 1740 in die Dienste Friedrichs des Gro-ßen. Der Ruf von der alles übertreffenden Kunst Johann Sebastians war in dieser Zeit so verbreitet, daß auch der König sehr oft davon reden und rüh-men hörte. Er wurde dadurch begierig, einen so großen Künstler selbst zu hören und kennenzuler-nen. Anfänglich ließ er gegen den Sohn ganz leise den Wunsch merken, daß sein Vater doch einmal nach Potsdam kommen möchte. Allein nach und nach fing er an, bestimmt zu fragen, warum denn sein Vater nicht einmal komme. Der Sohn konnte nicht umhin, diese Äußerungen des Königs seinem Vater zu melden, der aber anfänglich nicht darauf achten konnte, weil er meistens mit zu vielen Ge-schäften überhäuft war.

Als aber die Äußerungen des Königs in mehre-ren Briefen des Sohnes wiederholt wurden, mach-te er endlich im Jahr 1747 dennoch Anstalt, diese Reise in Gesellschaft seines ältesten Sohns, Wil-helm Friedemann, zu unternehmen.

Der König hatte um diese Zeit alle Abende ein Kammerkonzert, worin er meistens selbst einige Konzerte auf der Flöte blies. Eines Abends wurde ihm, als er eben seine Flöte zurechtmachte und seine Musiker schon versammelt waren, durch ei-

nen Offizier der geschriebene Rapport von ange-
kommenen Fremden gebracht. Mit der Flöte in
der Hand übersah er das Papier, drehte sich aber
sogleich gegen die versammelten Kapellisten und
sagte mit einer Art von Unruhe: «Meine Herren,
der alte Bach ist gekommen!» Die Flöte wurde
hierauf weggelegt und der alte Bach, der in der
Wohnung seines Sohnes abgetreten war, sogleich
auf das Schloß beordert.

Wilhelm Friedemann, der seinen Vater begleitete, hat mir diese Geschichte erzählt, und ich muß
sagen, daß ich noch heute mit Vergnügen an die
Art denke, wie er sie mir erzählt hat. Es wurden in
jener Zeit noch etwas weitläufige Komplimente
gemacht. Die erste Erscheinung Johann Sebastian
Bachs vor einem so großen Könige, der ihm nicht
einmal Zeit ließ, sein Reisekleid mit einem schwar-
zen Kantorrock zu verwechseln, mußte also notwendig mit vielen Entschuldigungen verknüpft
sein. Ich will die Art dieser Entschuldigungen hier
nicht anführen, sondern bloß bemerken, daß sie in
Wilhelm Friedemanns Munde ein förmlicher Dia-
log zwischen dem König und dem Entschuldiger
waren.

Aber was wichtiger als dies alles ist, der König
gab für diesen Abend sein Flötenkonzert auf, nö-
tigte aber den damals schon so genannten «alten
Bach», seine in mehreren Zimmern des Schlosses
herumstehenden Silbermannischen Fortepianos zu

probieren. Die Kapellisten gingen von Zimmer zu Zimmer mit, und Bach mußte überall probieren und phantasieren.

Nachdem er einige Zeit probiert und phantasiert hatte, bat er sich vom König ein Fugenthema aus, um es sogleich ohne alle Vorbereitung durchzuführen. Der König bewunderte die gelehrte Art, mit welcher sein Thema so aus dem Stegreif durchgeführt wurde, und äußerte nun, vermutlich um zu sehen, wie weit eine solche Kunst getrieben werden könne, den Wunsch, auch eine Fuge mit sechs obligaten Stimmen zu hören. Weil aber nicht jedes Thema zu einer solchen Vollstimmigkeit geeignet ist, so wählte sich Bach selbst eines dazu und führte es sogleich zur größten Verwunderung aller Anwesenden auf eine ebenso prachtvolle und gelehrte Art aus, wie er vorher mit dem Thema des Königs getan hatte.

Auch seine Orgelkunst wollte der König kennenlernen. Bach wurde daher an den folgenden Tagen von ihm ebenso zu allen in Potsdam befindlichen Orgeln geführt, wie er vorher zu allen Silbermannischen Fortepianos geführt worden war. – Nach seiner Zurückkunft nach Leipzig arbeitete er das vom König erhaltene Thema drei- und sechsstimmig aus, ließ es unter dem Titel «Musikalisches Opfer» in Kupfer stechen und dedizierte es dem Erfinder desselben.

J. N. Forkel

DIE KUNST DER FUGE

In der Fuge und in allen mit ihr verwandten Arten des Kontrapunkts und des Kanons steht Bach ganz allein, und so allein, daß weit und breit um ihn herum alles gleichsam leer und wüst ist. Nie ist eine Fuge von irgendeinem Komponisten gemacht worden, die einer der seinigen an die Seite gesetzt werden könnte. Wer die Bachischen Fugen nicht kennt, wird sich nicht einmal einen Begriff machen können, was eine wahre Fuge ist und sein soll.

In Fugen gewöhnlicher Art herrscht nichts als ein gewisser, sehr unbedeutender Kunstschlendrian. Man nimmt ein Thema, gibt ihm einen Gefährten, versetzt beide nach und nach in verwandte Tonarten und läßt sie sodann von den übrigen Stimmen in allen diesen Versetzungen mit einer Art von Generalbaßgriffen begleiten. – Dies gibt eine Fuge; aber was für eine?

Es ist sehr begreiflich, daß jemand, der nur solche Fugen kennenlernt, eben keinen hohen Begriff von der ganzen Gattung bekommen kann. Wieviel Kunst gehört denn dazu, eines solchen Schlendrians mächtig zu werden?

Ganz anderer Art ist die Bachische Fuge. In ihr sind alle Forderungen erfüllt, die man sonst nur an freiere Kompositionsgattungen zu machen wagt.

Ein charaktervolles Thema; ununterbrochen bloß aus demselben hergeleiteter, ebenso charaktervoller Gesang vom Anfange bis ans Ende; nicht bloß Begleitung in den übrigen Stimmen, sondern in jeder ein selbständiger, mit den anderen einverstandener Gesang, wiederum vom Anfange bis ans Ende; Freiheit, Leichtigkeit und Fluß im Fortgang des Ganzen; unerschöpflicher Reichtum an Modulation, mit untadelhafter Reinheit verbunden; Entfernung jeder willkürlichen, nicht zum Ganzen gehörigen Note; Einheit und Mannigfaltigkeit im Stil, im Rhythmus und in den Tonregistern; und endlich ein über alles verbreitetes Leben, wobei es dem Spieler oder Hörer bisweilen vorkommt, als wenn alle Töne in Geister verwandelt wären.

Dies sind die Eigenschaften der Bachischen Fuge; Eigenschaften, die bei jedem Kenner, welcher weiß, was für ein Maß von Geisteskraft zur Hervorbringung solcher Werke erforderlich ist, Bewunderung und Staunen erregen müssen. Sollte auch ein solches Kunstwerk, in welchem sich alles vereinigt, was in anderen Kompositionsgattungen, ihren veränderten Bestimmungen nach, vereinzelt wird, nicht vorzüglich Bewunderung verdienen?

Ich muß noch mehr sagen! Alle Bachischen Fugen aus den Jahren seiner vollendeten Bildung haben die genannten Eigenschaften miteinander gemein, alle sind mit gleich großen Vorzügen ausgestattet, aber jede auf eine andere Art. Jede hat ihren eigenen, genau bestimmten Charakter sowie ihre eigenen davon abhängenden Wendungen in Melodie und Harmonie. Wenn man daher *eine* kennt und vortragen kann, so kennt man wirklich nur *eine* und kann auch nur *eine* vortragen, anstatt daß man Folianten voll Fugen vieler anderer Komponisten aus Bachs Zeitalter kennt und vortragen kann, sobald die Wendungen einer einzigen begriffen und der Hand geläufig geworden sind.

Zu solchen Eigenschaften und Vorzügen führen die kontrapunktischen Künste, wenn sie recht, das heißt: Wenn sie so gebraucht werden, wie Bach sie gebraucht hat.

Durch sie lernte er aus einem gegebenen Satz eine ganze Folge gleichartiger und doch verschiedener Melodien in allen Arten des Geschmacks und in allen Figuren entwickeln; durch sie lernte er nicht bloß gut anfangen, sondern auch gut ausführen und vollenden; durch sie wurde er der Harmonie und ihrer unendlichen Versetzungen so mächtig, daß er ganze Stücke von Note zu Note in allen Stimmen umkehren konnte, ohne dem fließenden Gesang oder dem reinen Satz den mindesten Abbruch zu tun; durch sie lernte er die künstlichsten Kanons in allen Intervallen und in allen Arten der Bewegung so leicht und fließend machen, daß nichts von der dabei angewendeten Kunst merkbar wird, daß sie vielmehr völlig wie freiere Tonstücke klingen; durch sie ist er endlich in den Stand gesetzt worden, der Nachwelt eine große Anzahl von Kunstwerken der verschiedensten Arten zu hinterlassen, die sämtliche Muster der Kunst sind und bleiben werden, solange die Kunst selbst nicht untergehen wird.

J. N. Forkel

«VOR DEINEN THRON TRET' ICH ALLHIER»

Bach hat sich zeitlebens der besten Gesundheit zu erfreuen gehabt. Er scheint nie ernstlich krank gewesen zu sein. Im Sommer 1729 – wir wissen dies zufällig – hatte er mit einem Unwohlsein zu kämpfen, das ihm deshalb ungelegen kam, weil es ihn verhinderte, Händel, der damals gerade in Halle war, zu besuchen.

Doch war der Zustand seiner Augen von jeher wenig befriedigend gewesen. Bach war in hohem Grade kurzsichtig. Von Schonung war bei ihm niemals die Rede gewesen. In der Jugend saß er, dem Nekrolog und Forkel zur Folge, ganze Nächte hindurch und schrieb Noten ab; die Anforderungen, die er später an seine Sehkraft stellte, waren kaum geringer. So mußte sie ständig abnehmen. Das ist wohl mit einer der Hauptgründe für das Nachlassen seiner Produktivität etwa vom Jahre 1740 ab.

Zuletzt befiel ihn eine schmerzhafte Augenkrankheit. «Er wollte dieselbe, teils aus Begierde Gott und seinem Nächsten mit seinen übrigens noch sehr munteren Seelen- und Leibeskräften ferner zu dienen, teils auf Anraten einiger seiner Freunde, welche auf einen damals in Leipzig angelangten Augenarzt viel Vertrauen setzten, durch eine Operation heben lassen. Doch diese, ungeachtet sie noch einmal wiederholt werden mußte, lief sehr schlecht ab. Er konnte nicht nur sein Gesicht nicht weiter brauchen, sondern sein im übrigen überaus gesunder Körper wurde auch zugleich dadurch und durch hinzugefügte schädliche Medikamente und Nebendinge gänzlich über den Haufen geworfen, so daß er darauf ein völliges halbes Jahr fast immer kränklich war» [«Nekrolog» in Mizlers Musikalischer Bibliothek IV, Teil 1, 1754].

Während der Krankheit setzte er die Revision seiner größeren Choralphantasien, die ihn wohl schon seit längerem beschäftigt hatte, fort. Das Manuskript – aus dem Nachlaß Emanuels – erzählt ein Stück Leidensgeschichte. Bei der zweiten Version des Chorals «Jesus Christus unser Heiland» erscheint die Handschrift Altnikols, der anno 1749 Bachs Schwiegersohn geworden war. Dann begegnen wir wieder des Meisters klaren Zügen. Er fand sogar die Kraft, eine neue verbesserte Reinschrift der kanonischen Veränderungen über «Vom Himmel hoch, da komm ich her», die er 1747, bei seinem Eintritt in die Mizlersche Sozietät durch den Stich veröffentlicht hatte, anzufertigen.

Die letzte Zeit scheint er ganz im verdunkelten Zimmer zugebracht zu haben. Als er den Tod nahen fühlte, diktierte er Altnikol eine Choralphantasie über die Melodie «Wenn wir in höchsten Nöten sein», hieß ihn jedoch als Überschrift den Anfang des Liedes «Vor deinen Thron tret' ich allhier», das nach derselben Weise gesungen wird, zu setzen. In der Schrift sind alle Ruhepunkte, die sich der Kranke gönnen mußte, abzulesen; die versiegende Tinte wird von Tag zu Tag wäßriger; die im Dämmerlicht bei dicht verhangenen Fenstern geschriebenen Noten sind kaum zu entziffern.

Im dunklen Zimmer, schon von Todesschatten umspielt, schuf der Meister dieses Werk, das selbst unter den seinen einzig dasteht. Die kontrapunktische Kunst, die sich darin offenbart, ist so vollendet, daß keine Schilderung mehr einen Begriff von ihr geben kann. Jeder Melodieabschnitt wird in einer Fuge behandelt, in welcher die Umkehrung des Themas jedesmal als Gegenthema figuriert. Dabei fließen die Stimmen so natürlich einher, daß man schon nach der zweiten Zeile die Kunst nicht mehr gewahr wird, sondern ganz unter dem Banne des Geistes steht, der aus diesen G-Dur-Harmonien redet. Das Weltgetümmel drang durch die verhängten Fenster nicht mehr hindurch. Den sterbenden Meister umtönten bereits Sphärenharmonien. Darum klingt kein Leid mehr in seiner Musik nach; die ruhigen Achtel bewegen sich schon jenseits jeglicher Menschenleidenschaft; über dem Ganzen leuchtet das Wort: Verklärung!

Auf einmal schien es sich mit Bachs Augen zu bessern. Eines Morgens beim Erwachen konnte er wieder ganz gut sehen und vermochte auch das Licht zu ertragen. Wenige Stunden später rührte ihn der Schlag. «Auf diesen erfolgte ein hitziges Fieber, an welchem er, ungeachtet aller möglichen Sorgfalt zweier der geschicktesten Leipziger Ärzte, am 28. Juli 1750, des Abends nach einem Viertel auf neun Uhr im sechsundsechzigsten Jahre seines Alters, auf das Verdienst seines Erlösers sanft und seelig verschied» [«Nekrolog»].

Die Beerdigung fand am Freitag, den 31., am zweiten sächsischen Bußtag, morgens auf dem Johanneskirchhof statt.

Albert Schweitzer

SONETT AUF WEILAND HERRN
KAPELLMEISTER BACH

Laßt Welschland immer viel von Virtuosen sagen,
Die durch die Klingekunst sich dort berühmt ge-
macht:
Auf deutschem Boden sind sie gleichfalls zu er-
fragen,
Wo man des Beifalls sich nicht minder fähig acht't.

Erblichner Bach! Dir hat allein dein Orgelschlagen
Das edle Vorzugswort des Großen längst gebracht;
Und was für Kunst dein Kiel aufs Notenblatt getragen,
Das ward mit höchster Lust, auch oft mit Neid
betracht't.

So schlaf! Dein Name bleibt vom Untergange frei:
Die Schüler deiner Zucht, und ihrer Schüler Reih,
Bereiten für dein Haupt des Nachruhms Ehren-
krone;

Auch deiner Kinder Hand setzt ihren Schmuck
daran,
Doch was insonderheit dich schätzbar machen
kann,
Das zeiget uns Berlin in einem würdgen Sohne.

                          Georg Philipp Telemann

Ich hörte Bachs Musik und sprach mir's aus: als wenn die ewige Harmonie sich mit sich selbst unterhielte, wie sich's etwa in Gottes Busen, kurz vor der Weltschöpfung, möchte zugetragen haben. So bewegte sich's auch in meinem Innern, und es war mir, als wenn ich weder Ohren, am wenigsten Augen, und weiter keine übrigen Sinne besäße noch brauchte.

Johann Wolfgang Goethe

Bach-Dokumente, hrsg. vom Bach-Archiv Leipzig
  unter Leitung von Werner Neumann.
Bd. 1: «Schriftstücke von der Hand Johann Sebastian Bachs», vorgelegt und erläutert von Werner Neumann und Hans-Joachim Schulze, Kas-
  sel etc. und Leipzig 1963.
Bd. 2: «Fremdschriftliche und gedruckte Dokumente zur Lebensgeschichte Johann Sebastian
  Bachs 1685–1750», a.o.O. 1969.
Bd. 3: «Dokumente zum Nachwirken Johann Sebastian Bachs 1750–1800», vorgelegt und erläutert von Hans-Joachim Schulze, a.a.O. 1972.
Soweit bei den einzelnen Beiträgen dieses Bandes
keine andere Quelle genannt ist, wurden sie dieser
Dokumentensammlung entnommen, wobei die
Originalschreibweisen weitestgehend beibehalten
wurden.

Brachvogel, Albert Emil, *Friedemann Bach,* Roman, Berlin 1920.
Devrient, Eduard, *Erinnerungen an Felix Mendelssohn,* Leipzig 1869.
Forkel, Johann Nikolaus, *Über Johann Sebastian
  Bachs Leben, Kunst und Kunstwerke,* Leipzig
  1802.

Ihlenfeld, Kurt, *Geschichten um Bach*, Verlag Merseburger, Berlin 1961.

Schering, Arnold, *Der Thomaskantor,* Spiel in 2 Aufzügen, Verlag Breitkopf & Härtel, Leipzig 1917.

Schweitzer, Albert, *J. S. Bach,* Verlag Breitkopf & Härtel, Leipzig 1937 u. ö.

Spitta, Philipp, *Johann Sebastian Bach,* 2 Bde., Leipzig 1873–1880 (Neuauflage Wiesbaden ⁴1961).

Wir danken den Verlagen Breitkopf & Härtel, Wiesbaden, und Merseburger, Berlin, für die Genehmigung zum Abdruck von Auszügen aus ihren oben genannten Verlagswerken.

KLEINE BETTLEKTÜRE
ALS AUFMERKSAMKEIT UND
HERZLICHES DANKESCHÖN FÜR

Dich, mein Herz · Dich, mein Schatz

meine liebe Frau · die werdende Mutter

meine liebe Mutter · vielgeplagte Mütter

Frauen mit Herz und Verstand · Frauen mit Charme

meinen lieben Mann · den besten aller Väter

die allerbeste Großmutter

den verständnisvollen Großvater

die beste aller Schwiegermütter

meinen lieben Schwiegersohn

meine liebe Schwägerin · meinen lieben Schwager

meine liebe Tante

meine liebe Schwester · meinen lieben Bruder

eine gute Freundin · einen guten Freund

Männer mit Phantasie und Tatkraft · kluge Köpfe

Strohwitwer

liebenswürdige Gastgeber

die sympathische Kollegin · den netten Kollegen

den klugen Juristen

den wahren Lebenskünstler · den Linkshänder

einen lieben Mitmenschen · nette Nachbarn